建校百年·哈工大人系列丛书

Harbin Institute of Technology

结缘哈工大
筑梦马拉松

哈工大8081/8083班　编

哈尔滨工业大学出版社

图书在版编目(CIP)数据

结缘哈工大 筑梦马拉松/哈工大8081/8083班编.—哈尔滨：哈尔滨工业大学出版社，2020.10
ISBN 978-7-5603-9054-3

Ⅰ.①结… Ⅱ.①哈… Ⅲ.①随笔-作品集-中国-当代 Ⅳ.①I267.1

中国版本图书馆CIP数据核字(2020)第169262号

结缘哈工大 筑梦马拉松
JIEYUAN HAGONGDA ZHUMENG MALASONG

策划编辑	李艳文　范业婷
责任编辑	孙　迪　付中英
装帧设计	屈　佳
出版发行	哈尔滨工业大学出版社
社　　址	哈尔滨市南岗区复华四道街10号　邮编150006
传　　真	0451-86414749
网　　址	http://hitpress.hit.edu.cn
印　　刷	哈尔滨市石桥印务有限公司
开　　本	787mm×1092mm　1/16　印张23.5　字数296千字
版　　次	2020年10月第1版　2020年10月第1次印刷
书　　号	ISBN 978-7-5603-9054-3
定　　价	100.00元

(如因印制质量问题影响阅读，我社负责调换)

编委会

顾　　问	杨士勤　景　瑞　孙和义　强文义
特邀主编	柳宏秋
副 主 编	金海平　王长滨　孙柏春
编　　者	（以姓氏音序排列）

边东明　曹春林　戴铁成　冯德臣　富宏亚

顾荣荣　康继忠　孔令安　李　敏　李赫峰

李克准　李志杰　刘海谦　刘亚彬　卢长海

路双立　马云辉　孟春祥　孟圣达　倪厚根

朴松花　荣瑞芳　沈亚红　王东鹏　王海林

王宏波　王守城　谢卓伟　徐荣棣　张　帆

张　泮　张　毅　张立滨　张立凯　张丽萍

张思明　张秀海　朱　彬

总序

时光荏苒，风雨沧桑，不知不觉间哈工大已走过百年岁月。回首学校的发展历程，她的每一轮进步跨越、每一次腾飞奋进，无不与祖国的命运紧紧连在一起。特别是中华人民共和国成立后，从全国学习苏联高等教育办学模式的两所大学之一，到首批进入国家"211工程"和"985工程"，再到入选国家"双一流"建设A类高校名单，哈工大一直得到国家的重点建设，并形成了现在哈尔滨、威海、深圳"一校三区"的办学格局。

当然，哈工大也没有辜负国家的支持与厚望。一直以来，学校秉承"规格严格，功夫到家"的校训，大力弘扬"铭记责任，竭诚奉献的爱国精神；求真务实，崇尚科学的求是精神；海纳百川，协作攻关的团结精神；自强不息，开拓创新的奋进精神"和"铭记国家重托，肩负艰巨使命，扎根东北，艰苦创业，拼搏奉献，把毕生都献给了共和国的工业化事业"的哈工大"八百壮士"精神，主动适应国家需要、积极服务国家建设，以朴实严谨的学风培养了大批优秀人才，以追求卓越的创新精神创造了丰硕的科研成果，成为享誉国内外的理工强校、航天名校。

我始终认为，学生的培养质量是衡量一所大学是否是"双一流"最重要的考核指标，而质量主要是从学生离校走向社会在工作中体现出来的，包括思想品德、工作能力和社会贡献等。经过百年沉淀的哈工大，从1920年建校至今，已经培养了几十万名学子。我在这所学校工作了几十年，也见证了一部分同学的成长。他们在学校掌握知识、锤炼品格，然后投身社会，成为各行各业的中坚力量，其中既有党和国家领导人，也有共和国的将军；既有学术界的泰斗，也有科技领域的骨干……当然，还有在许多行业里的领跑者——杰出的企业家。

很幸运，我们身处一个崇尚创新、追求创新、激励创新的时代。不管是传统行业，还是新兴科技行业，都活跃着哈工大人的身影。这些实干力行的国家栋梁在兢兢业业工作的同时，积累了无数的方法和经验，也有道不尽的经历与感受。无论是对母校生活的追忆，还是对当下工作的总结，这些不可多得的人生财富，都非常值得大家借鉴和学习。

恰逢学校百年华诞，哈工大出版社特意编撰了"建校百年·哈工大人系列丛书"，天南海北、各行各业的哈工大人以此为平台，把自己走过的人生之路，真诚又无私地以文字的形式分享出来，为后来者和社会公众提供参考。我认为，这十分有意义，也十分有价值。我向他们致敬，同时也为学校培养出这样的学子感到自豪！而对于广大校友和在校生来说，阅读这些书籍，仿佛有人为你打开了一扇门，特别是身为哈工大人的你会发现，寻找理想、追梦前行的人，不只有你自己，还有许许多多的哈工大人和你一路同行、共同奋斗。

希望广大读者能从本系列丛书中获得启迪，踏上自己人生道路的"英雄之旅"，抒发豪情壮志，成就伟大事业。

序一

同学们的文章，勾起我对往事的回忆。

1980年6月份的某一天（本科毕业前夕），辅导员陈文彬老师找我谈话，征求我的意见，说："组织决定让你留学校做辅导员工作。"说是征求意见，实际上学校已经决定了。当时我感到很意外，因为我的想法是到研究所或工厂工作，但是，作为一名中共党员，我必须无条件服从组织安排。

我怀着忐忑的心情接受了这个工作。很幸运，大概是老天眷顾吧，52片优质的雪花飘落到8081班和8083班，又融化为一个整体。

我和这两个班的同学共同学习、生活了4年。

外表是老师的样子，可胸膛里装的却是哥哥的心。

弹指间4年结束了。让我感到骄傲和自豪的是，这两个班与校内同届各班相比，入党人数、考研究生人数均名列前茅。

相识40年了，许多场景就像电影似的经常在我的脑海中浮现。在校时与同学们朝夕相处的日日夜夜，毕业后同学们不断的关心和问候，还有诸多的支持和帮助，都让我难以忘怀。

当知道有的同学已经成为企业家、教授，甚至成为省、市主要部门的领导时，我的成就感油然而生。

羡慕同学们，离校多年之后，马拉松运动又把大家拉到了一起。国际、国内的赛事上均能看到你们的身影并取得骄人的成绩。不知道底细的人，还以为你们这些同学是体育院校的。也都快60岁的人了，悠着点！

时间不能倒流，如果可以的话，我还想和同学们在一起——不过我会比那时成熟很多。

爱你们！也祝福你们！

程建华

2020年6月22日夜

工大情　跑马缘

——写在前面的"读后感"

1980年，50余名新生考入哈尔滨工业大学机械工程系（史称八系），就读于8081和8083两个班。我作为当时的系团总支书记与他们一起度过了4年，结下了深厚的情谊，更成为一生的朋友。

2020年6月20日晚，接到8083班班长孙柏春的电话。随后，我收到以两个班班长张秀海和孙柏春的名义写的邀请信，始知他们受哈尔滨工业大学出版社之约要出一本书，并欲将此书作为生日礼物献给母校百年华诞。为此，两位班长盛邀我作序。接着，孙柏春转来部分同学写的文章。当夜，我一气读到凌晨。震撼、激动、兴奋、敬佩，心难平静，好像纵览了40年的时光，一幅幅立体的画卷呈现在眼前……

2020年6月7日，是哈尔滨工业大学的百年校庆日。这所著名高校的百年华诞，当然会引起广泛反响，尤其是所有的哈工大人、所有校友的反响。

由于一些原因，哈工大的很多校庆活动被搬到了"云端"，其中情牵全球、声动五洲的当属"哈工大之光线上奔跑挑战赛"。活动中一个校友集体脱颖而出，即8081和8083两个班。他们以哈工大80级八系跑马一队和二队的名义共24人参加了赛事，参赛人数近乎两个班全体同学的一半，其中包括4名女将；在57～59岁年龄段的哈工大校友中，他们是翘楚，在哈工大历史上也是少有的。

组成两个队参加校庆百公里挑战赛绝非偶然。自1980年他们在哈工大相遇、相知，到如今已经整整40年。特别是近年来，他们联系不断，相互鼓励，相互支持，已经形成了一个整体——一个具有强大凝聚力且被他们称为"808"（80级八系）的集体。凝聚力的产生当然有多种原因和"缘分"，其中"跑马运动"起到了很大作用。

"808"跑马运动是在王长滨同学身体力行的推动下开展起来的，金海平、孙柏春、王海林等人紧随其后。跑马群的这些发起者和骨干，积极投入训练，逐渐吸引了更多同学加入。"人人都可以跑步，都可以参加跑马，40公里不是遥不可及的远方。"——跑马群的骨干金海平博士如是说。

从2014年到现在，他们以"跑马+聚会"的形式共完成了13场马拉松，足迹遍及北京、哈尔滨、齐齐哈尔、扬州、无锡、杭州、千岛湖、安徽歙县、成都、广州、厦门、旧金山、芝加哥……聚会人数多则20人，少时也有四五位。至于他们个人的跑马，几年下来也可圈可点，特别是王长滨同学，2016—2018年用3年时间完成了享有盛誉的世界马拉松"六大满贯"赛事，跻身当时全世界3 000人、国内200多人有此经历的跑者行列。

体育运动要靠毅力，一个集体的坚持更要有合力、凝聚力和积极向上的引领力。他们坚持了，而且直接影响、带动了两个班的体育健身活动各放异彩，在逐渐多起来的跑马参与者之外，还出现了徒步、球类、游泳、登山和骑行爱好者……积极健康的生活理念深入人心，各式运动蔚然成风。

他们"参加国际工业展览会，也要在早餐前完成纪念性跑步"，实现"每到一个陌生的城市都要留下自己跑步的足迹"的心愿。

他们有着忘我无我的境界，"跑起步来我的头脑是最干净、最清醒的，非常专注，没有任何事情打扰我"。

他们将跑步作为生活的一部分，在跑马大家庭中"感受集体的温暖、同学的情谊、相聚的快乐、奔跑的乐趣"。

他们在跑步或徒步登山中浏览时空的变换，感受风土人情，欣赏山川地貌，体会毅力与信念的可贵，感悟"一览众山小"的宽广与气魄！

…………

路在脚下，更在心中。我们的人生不也是一场马拉松吗？我们需要的不正是马拉松这种坚持、坚韧、不轻言放弃的精神吗！

每一所学校都有源源不断的校友，每名学生都眷恋母校，留恋在校时光。我们书中的作者们也是一样，尽管时光荏苒、白驹过隙，他们从风华正茂的"天之骄子"渐次霜雪染鬓，但他们的心依然火热，同学情历久弥新。遥想当年，他们从祖国四面八方汇聚到一个系的两个班，从口音方言的相互揣测，到同学间的相互关照；从粗粮、细粮的慢慢适应，到运动场上的生龙活虎；当然，还有课堂上的一幕幕……这一切印在渐渐发黄的照片中，更镌刻在同学们的脑海中。正如朴松花同学的回忆："大学4年，大家从不熟悉到熟悉，从不好沟通到沟通无障碍，越过不同民族、不同地域、不同生活习惯，互相帮助、互相关心、共同进步。在全国十几亿人当中，我们相遇、相识、相知，亲如姐妹、亲如兄弟，结下同学情、民族情，这是缘分，是可遇不可求的。同学的情最真，同学的意最浓，同学的爱最无私。"

多么可贵可钦、亲密无间的同学情！然而更为可贵的是他们一朝结缘哈工大便烙印在心底，哈工大"规格严格，功夫到家"的治学精神，勤奋、顽强、刻苦、科学、向上的校风，影响着他们的三观，陶冶着他们的情操，塑造着他们的人格，让他们形成科学的思维方式，更让他们在各自领域恪守校训、扎实工作、书写精彩人生。

衷心祝福他们！愿他们继续以奔跑的姿态驰骋在各自的工作生活中，携手并肩、健康快乐地迎接每一天！

赞"808"集体

百年华诞宇相牵，团队呼应跑马缘。
校训熏陶成伟业，情结工大永思源。
中流曾忆风华茂，幸运弥珍鬓染间。
赛道英姿留画卷，堪存典范代薪传。

顾德库
2020 年 7 月

序三

2020年，哈工大百年华诞，80级学生入学40年。在此期间，我接到昔日学生王海林的电话，邀我为他们即将出版的这本书写序。放下电话，甚为开心，随之40年前的往事浮现眼前。

为了提高学生身体素质，学校体育部设定每个体育老师为所任班级的体育班主任，负责同学们的早操、课外活动和体育课。就这样，我成了8081和8083两个班的体育班主任。从1980年开始，哈工大和全国很多大学一样，实行体育标准达标，简称"达标"，其成绩占学生体育考试成绩的20%。在校期间要上四个学期的体育课，即大一的田径课——短跑、中长跑、跳高、跳远、跨栏、铅球，这是为学生在校期间的身体健康打基础，同时也是为学习体育各项技术打基础；大二的篮球和足球课。此外，还有季节性的体育课，如夏天游泳、冬天滑冰。如此，完整的两个学年与同学们朝夕相处。

大学里提出的口号是"每天坚持体育锻炼一小时，为党工作50年"。按照这一要求，我在第一堂课讲了有关早操、课外活动和体育课的要求，并制订了每周一次体育课、两次课外活动和三次以上早操的时间表。

在开始的几周里，同学们都坚持得不错。可是过了几周，班里的一些同学就闹起了情绪不愿意起床。我找了两个班的班长张秀海和孙柏春、书记朱彬和孟圣达给同学们做思想工作。他们很认真，积极配合班级体委集合队伍，带领大家一起到体育场进行锻炼，每天坚持跑2公里。渐渐地，同学们养成了良好的习惯，在努力学习的同时，都能主动坚持身体锻炼。在体育课上，成绩好的帮助成绩差的，特别是冬季滑冰课和夏季游泳课，南北方同学互帮互学，带动两个班形成了良好的运动风气。

功夫不负有心人，两年下来，王长滨、王海林、金海平、张立凯、孙柏春、张泮、吴希平、孔令安、梁列至、马云辉、徐荣棣等十几名同学达到480分以上（体育达标满分500分），加上田径、球类等各科成绩，全体同学的平均成绩都在良好以上，我特别高兴。在黑龙江高校的篮球比赛中，我们班的李志杰作为哈工大篮球队主力队员参赛并获得了冠军，为我们八系、更为学校争了光！

得知同学们现在还在坚持长跑锻炼，参加各种形式的马拉松比赛，真是从心里赞叹。想当年，大家作为"八十年代的新一辈"，怀揣报国志，带着"规格严格，功夫到家"的校训，奔向祖国的四面八方；如今，大家是奋斗在社会各界的精英，为国家的建设发展做出了应有的贡献，这是哈工大的骄傲！现在祖国正处在腾飞的阶段，希望你们，各位同学，在有生之年继续为祖国这艘航船拉起助力的风帆，"有志者、事竟成，破釜沉舟，百二秦关终属楚；苦心人、天不负，卧薪尝胆，三千越甲可吞吴！"

郑坤惠

2020 年 7 月 26 日于哈尔滨

目录

爱母校 回忆往日时光

冯德臣 回忆我难忘的学生时代 / 5
边东明 交错重叠 连接79&80 / 19
倪厚根 四年同窗 真情难忘 / 29
王东鹏 我们的寝室 / 39
王守城 大学的回忆 / 44
张　毅 难忘的哈工大本科毕业季 / 50
卢长海 哈工大记忆 / 54
李　敏 同学情 一生情 / 57
刘海谦 报到 / 61
朱　彬 哈工大予我盛世芳华 / 65
张丽萍 每一片雪花都落在正确的地方 / 70
路双立 碎片记忆 / 83
孟春祥 一点记忆 / 88
王宏波 你是我人生中的航标灯——献给我的母校哈工大百年华诞 / 92
孔令安 校刊文摘 / 102

2 爱跑马 感悟人生哲理

王长滨 奔跑的人生 / 113

孙柏春 跑步随笔 / 128

金海平 人生马拉松里的马拉松 / 137

谢卓伟 柳宏秋 一起奔跑 携手人生 / 146

张　帆 随想二三 / 165

张立凯 跑马那点事 / 174

张秀海 马拉松圆了我的美国旅游梦 / 182

王海林 生命不息 运动不止 / 189

徐荣棣 爱运动的我 / 199

曹春林 跑马"散"文 / 205

戴铁成 马拉松和我 / 215

富宏亚 我的马拉松 / 223

李赫峰 说说我的马拉松 / 237

刘亚彬 我的跑步故事 / 251

朴松花 同学情 民族情 跑马情 / 261

沈亚红 迷马人生 / 271

爱运动 享受美好生活

张　泮　用脚接触　用眼观察　用心感受 / 281

李克准　同学情　跑马缘　登山路 / 289

李志杰　我与篮球的故事 / 297

荣瑞芳　运动快乐 / 305

顾荣荣　海外游记 / 310

张立滨　我喜欢的运动——Hiking（远足）/ 315

马云辉　室友，球友，跑马人 / 321

康继忠　出发，向着家的方向 / 331

孟圣达　运动——延续同窗情缘的媒介 / 340

张思明　我的健走生活 / 343

后记 / 345

跋 / 353

1 / 爱母校
回忆往日时光

结缘哈工大

筑梦马拉松

冯德臣

回忆我难忘的学生时代

我一直认为20世纪80年代是我们人生最美好的一段时光。

因为那时我们年轻,因为那时我们好学,因为那时我们有期待和理想,因为那时的中国正值"思想解放、改革开放"的时代!

1976年,我13岁,进入大连市第三十六中学读初中。由于我勤奋好学、学习成绩好,深受老师的喜爱。老师上课提问题,只要大家不会的,老师和同学们都向我看来,期望我站起来回答,而我几乎每次都不辜负大家的期望。后来据这个学校的师弟校友说,我的名字经常被老师在学校课堂上提起,作为激励学生努力学习的榜样。

我们的班主任教数学,数学解题水平非常高,我崇拜他。他早年毕业于哈尔滨工业大学,哈工大这个名字就是在这时进入我脑海的。对我那年轻的心来说,哈工大是神圣的,是令人向往的。这是我计划进入哈工大读书的最初启蒙阶段。

1978年我进入大连第一中学读重点高中。

这期间我的哥哥已经在大连工学院(大连理工大学的前身)读造船系了。哥哥每个周末回家一次,每次回来都会给我带来一些数理化教学参考书，当然还有一些精美的英语小册子。这些课外读物使我受益匪浅，也更进一步促进了我的学习。我始终认为，读书、读好书、读一流的书是学习和做一切工作的捷径。后来买书、读书和藏书成为我人生的一大乐趣。我喜欢独处，但我不孤独，因为我有书可读，更喜欢读各种英文书。渐渐地，好读书和读好书成了我的习惯和乐趣，直至现在。

1980年高中毕业，当我们班大多数同学都进入大连工学院读书的时候，我来到了北国哈工大。去哈工大读书是我初中时期的梦想，也是我哥哥的建议。

1980年8月27日下午，哈尔滨火车站，在郑绪岚《太阳岛上》悠扬美妙的歌声中，我和张泮结伴从渤海之滨的大连来到了北国冰城哈尔滨，来到了哈工大。这一年我们17岁。

我和张泮等同学在程建华老师的接站、介绍引导下兴致勃勃地来到哈工大。当我们第一次看到哈工大校园时，我们被校园的迷人风光吸引住了！欧式的教学楼群，美丽的校园风光，高耸的主楼塔楼让我们的感官受到极大的震撼和冲击！哈工大真美，太帅了！程老师一路如数家珍般地向我们介绍哈工大以及八系的名家教授：黄文虎、王铎、袁哲俊、齐毓林、李华敏、陈湛闻等，

17岁的张泮和我在防洪纪念塔下留影

这些教授的大名如雷贯耳，听后我感到非常自豪，心里想：现在使劲记住这些大家的名字，一会儿就写信向我的中学同学吹吹牛，显摆一下，让他们知道我们哈工大的厉害！以后嘛，我一定要拜这些大家为师，向他们好好学习——1984年，我如愿考取了机械设计陈湛闻教授的研究生，这是后话。

但是当我们进入哈工大第一学生宿舍，步入位于地下室的寝室时，我们那颗年轻、自豪、脆弱的小心脏有点受不了了，顿时一脸失望，心里不禁"咯噔"一下：这昏暗潮湿的地下室就是我未来大学四年生活的家？

这与我想象中的哈工大学习生活差距有点大！我以前从未离开过大连，从未离开过父母，从没有被学习以外的事情侵扰分神过。但此时我心里感到不安，然后强烈地想家。真是应了那句古话：父母在，不远游。面对这种生活条件，眼前没有父母照顾了，怎么办？顿时我感到后悔了！

晚上我含着眼泪，开始书写我人生中的第一封家书，向我的家人"求救"！以期得到父母的安慰、同情、鼓励和支持。

写到此时，我去书房里解封了已经近40年未曾打开过的家书，有百封之多。

这沉寂多年、压在箱底的已经发黄

每次收到家书我都高兴不已

的封封家书是迄今为止我保留的最"古老"的物件。

记得张丽萍是我们8083的信报通讯员。那时，几乎我们每个同学都想家，我们是多么期待来自家乡的音信啊！每次当她从学校邮局拿着书、报、信步入班级专用教室的时候，我们每个人都希望张丽萍能径直向自己走来，将刚抵达的家书送到我们面前！尽管她生性腼腆，不太愿说话，但我们对她却是非常有好感，因为她是我们每天期盼的可爱信使啊！

我母亲后来说，新学期开学的那个月，我写的家书竟达15封之多！

封封家书洋溢着我对故乡的无限眷恋，封封家书表达了我对哈工大的无限热爱，封封家书充满着我对科学知识的无限渴望，封封家书记载着我对未来的无限憧憬。

40年后的今天，当我翻开这已经泛黄的封封家书时，读后依然无比感动。

我的书信"生涯"起始于1980年的哈尔滨，终止于1987年的哈尔滨，全部经历在大学读书时期。这之后就再没有过书信的历史。

书信交流是我们80年代大学生的"社交APP"。通过书信，我们交流信息，我们沟通情感，我们相互鼓励，我们展望未来。

也许不经意间，书信交流还极大地提高了我们的写作能力。

与今天的大学校园相比较，80年代初的大学生活是紧张有序、恬静美好的。毕业后30多年里，我的心一直与母校哈工大相连，关注学校的发展，为母校的各项成就感到振奋和骄傲。无数次我梦回母校，梦里追寻着那难忘的大学时光。

我记得机械楼一楼有两个大型的阶梯教室，我们经常在那里上课。教室里坐满了二系和八系的80级同学。在这里我们认真地聆听着金老师的数学分析。他是朝鲜族老师，语速较快，但思路清晰且精通英语。

微分求导、洛必达法则、积分变换等讲得非常熟练和精彩。同学们对高等数学很重视。记得不少同学课外都在做吉米多维奇的《数学分析习题集题解》里的试题，这是苏联数学家的数学名著，习题量大且题难，谁做得多谁牛气！我们仔细聆听着李老师的大学物理课。李老师是女老师，外表精干、秀气，讲话利落，思维敏捷，讲课内容滚瓜烂熟。《大学物理》共三册，讲课时间跨越两个学期，共考试两次，记得都是口试。第一学期考试，由于思乡过度和突发疾病（疝气）的困扰，再加上对有史以来的第一次物理口试不适应，我只考了个及格，心里感到很沮丧。第二学期我病愈归来，刻苦钻研、发奋努力，期末我考了个优秀！当时我很激动、很得意，瞬间觉得恺撒大帝的这条金句与此情此景搭配：I came, I saw, I conquered! 那个时代尽管没有奖学金，但我们学习非常努力，对学习成绩看得很重。我们会对考试中出现的某个失误感到万分沮丧，我们也会对考试中的临场高水平发挥而感到兴奋不已。

材料力学的老师是盖老师。盖老师讲课声音很大，讨论问题举一反三，颇有水平。盖老师在课堂上喜欢说"我们这个弯矩""我们这个悬臂梁"，每力学名词前都额外加个"我们"，这样说话显得非常大气，很是有趣。课后张泮总是模仿盖老师的"我们这个"，听得我们忍俊不禁。机械原理老师是王知行，机械零件老师是庞志成。他们都是大家，知识渊博，专业精通，举一反三，讲课水平高。多年来我在高校一直从事机械设计的教研工作，但我一直认为他们是真正的学者，真正的专家。

教英语的王士秀教授给我留下的印象最为深刻。王老师执教英语一班，全英语授课。班里有八系的顾荣荣、梁列至，十系的夏风雷，一系的张勇、潘高峰等同学。王老师说话温文尔雅、和蔼可亲，举手投足间有一种学者的风度。

他讲的英语缓慢而清晰（slowly & clearly），同学们听着非常舒服。

他教我们用英语解释英语，提高大脑用英语思维的能力，让我们受益匪浅。当年在英语课本上，我清晰记得有好多"未来科技"的英语单词：robot, large-scale IC, CPU, network computer, tele-communication, space shuttle, mobile phones 等，通常我们是利用从教室到食堂的路上时间，来强化记忆这些单词的。科技发展真快，现在这些"高科技"都已经是稀松平常、妇孺皆知的事情了。

第二年的英语教材是《新概念英语》第四册。记得我们学习了其中的前20课。老师要求我们课后背诵书中的每篇课文，每次上课都检查。《新概念英语》课文内容包罗万象、丰富多彩、引人入胜，篇篇是范文，读来 a 做过英语译员，翻译多种英文文献等。机械原理、机械设计英语

难忘的大学岁月，真正的读书人

课还荣获了大连交通大学教学成果一等奖。好多学生和老师还以为我是大学英语专业毕业的。知情的老师总是说冯老师是"科班"出身的,其实他们指的是我是哈工大毕业的,此时此刻我真心为我的母校感到骄傲和自豪。

80年代的大学生活距今虽然遥远,但有些事情已经深深地在我的心里扎下了根。

当年我们冒着严寒、踏着冰雪横跨大直街,去主楼对面的图书馆借书、读书。图书馆是同学们心中的学习圣地,在那里找到一个座位并不是一件容易的事情。

图书馆东侧的实验楼是化学楼,我们在那里做大学化学实验。实验室静谧整洁,有条不紊。同学们换上拖鞋,进入实验室。在老师的指导下我们聚精会神、小心翼翼地做着实验。突然,"啪"的一声脆响,吓

在大连交通大学讲授机械原理

了大家一跳，不知是谁紧张过度，不小心打碎了一个烧杯！

图书馆西侧的实验楼是做力学强度拉伸实验和扭转实验的，在这里我们试图验证45号钢的应力－应变特性曲线的正确性。

我们在机械楼对面的实习工厂做金工实习。在工人师傅的帮助下，我们第一次观摩、学习各种机床的加工操作过程。实习结束时，使用各种加工手段，每个人都做了一个小铁锤留作纪念，这让我们兴奋不已。

我们来到了美丽的春城长春，到长春第一汽车制造厂实习。在这里我们见识了中国最大的汽车制造工厂的生产规模，学习了汽车"减速器总成"的加工、安装过程。

大学毕业设计，康纪忠和我一组做"电化学抛光工艺"，在张老师的指导下，我们用一种奇特的电解质溶液把那锈迹斑斑的钢制钻头化学抛光得锃明瓦亮。

电工学上了两个学期课。老师是个女老师，好像是南方人，可惜我忘记姓名了。我上课通常坐第一排，她上课前总是来到我桌前，看看我的笔记，再看看我的作业，热心回答我的问题，对我关爱有加，我深为感动，至今难忘。

后来我作为老师，深知老师关爱学生的重要性。它可以鼓舞学生、激发学生的学习热情，因而我也喜欢我班级里的每一个学生！

我还记得学校第一食堂打饭的那个小姐姐。每次我都去她的窗口排队打饭，就算队伍长，我也要排她的队。因为她长得好看，而且给我盛菜时，手不抖，使劲盛，尽管肉炒白菜豆腐里并没有什么肉。

在哈工大读书期间，学习上我们勤奋努力，业余生活也丰富多彩。我们在一起唱歌，在一起跳舞，在一起踢足球，一起去兆麟公园看冰灯，一起去太阳岛郊游。那时尽管学习紧张、生活条件艰苦，但是我们心里很充实、很快乐！因为我们正处在那个伟大的80年代！这是一个变革、改良、人心向善的理想主义时代，这是一个催人奋进、令人心动的浪漫主义时代。我们年轻气盛、风华正茂，体内激素分泌旺盛。用现在的话说，我们每个人心中都有"诗和远方"。

后来每当我听到80年代怀旧歌曲的时候，我就想起了我的大学生活，就想起了我的同学们，同学们的歌声一直回荡在我的耳旁。

听到苏小明的《军港之夜》，我就想起了1981年班级新年晚会上的孙柏春：海风你轻轻地吹，海浪你轻轻地摇……当年班长唱得非常有情调。唉，再也回不到当年的班级晚会了！听到《路边的野花不要采》，我仿佛看到了孟晓春的身影，当然他还要随后补唱一句："不采白不采。"他是我们达斡尔族二哥，文静腼腆、心灵手巧。孟春祥喜欢唱《小路》：小路啊一条小路，曲曲弯弯的小路……近视镜下闪烁的大眼睛总是上挑着，似乎对任何事情都充满着疑问。刘海谦俨然是一位流行歌手，他胸前捧着吉他，喜欢演唱张行的歌曲，而且唱得很有模样：你到我身边，带着微笑，带来了我的烦恼……张泮一唱歌，可爱、淘气的虎牙就露了出来，他喜欢唱京剧，那曲调现在依然记忆犹新，但我不是京剧票友，到现在也不知道他唱的是什么角色。1983年新年晚会后，刘津臣的一曲张明敏的《垄上行》，让我们佩服得五体投地。他那港台歌手的风采令人回味无穷。朴松花和她的二系朝鲜族闺密也到班级助兴，在欢快的朝鲜族歌曲中，为我们跳起美妙的朝鲜族舞蹈。这个我喜欢！因为小时候我就爱听朝鲜歌曲。电影《卖花姑娘》和《南江村的妇女》等朝鲜影片的音乐旋律非常美，现在听起来也会让我如痴如醉、百感交集。

在春夏之交的哈工大美丽校园里，漫步在丁香树下，沐浴着阳光雨露，闻着花香，我会情不自禁地唱起程琳的《丁香树》：丁香树，丁香树，芳香洒满树下的小路。清晨我在树下读书，黄昏我在路旁散步……这感觉太美！我还记得在主楼三楼的哈工大礼堂里，我们参加学校会演。

我高歌了一曲《骏马奔驰保边疆》，还和徐荣棣、刘津臣等同学合唱了一首《大连好》：大连好，大连好，渤海捧出珍宝……现在想想那时候胆子真大，大庭广众之下献丑竟然丝毫没有压力！8081班同学也有好多歌手，当年梁列至的男高音演唱给我留下了深刻的印象。

姚英学不唱歌，但学习英语非常努力。星期天早上八点他会准时收听中央人民广播电台申葆青老师的《星期日英语》节目，我也跟他一起听。《星期日英语》所选讲的文章，或严肃，或幽默，或高雅，或通俗，使听者忘记了学习英语的枯燥和乏味，令人沉浸在英语知识的意境中，回味无穷，流连忘返。

我还记得哈工大的运动场，就在我们第一宿舍的南边。我们早上醒

8083班级足球队比赛后合影

来便匆匆奔向运动场,在那里跑步、踢足球、做单杠引体向上。运动完我们去食堂吃早餐,然后又匆忙去教室占座上课。行动要快!去晚了,阶梯教室的前几排座位就没有了!

运动场看台上醒目大气的"为祖国健康工作五十年"的巨幅标语至今让我难以忘怀。

夏天我们在体育场踢足球汗流浃背,冬天我们在体育场冰面上奋力滑行。7年的哈工大生活不仅教会我丰富的专业知识和技术,也强壮了我的身体。

在哈工大养成的运动的好习惯,后来成为我人生道路上的一大财富,让我得到太多的好处。多年来我一直坚持体育锻炼,每天至少运动1小时。游泳、跑步、踢足球、做单杠等,运动给我带来快乐的同时,也增强了我的体魄。可以说我现在的身体素质几乎和上大学时的状况差不多!体重40年保持不变(68千克左右),单杠引体向上可以做20个,

常年参加体育运动

游泳 1 小时能游 2 000 米，踢足球几乎也和学生时代一样，不惜体力，每个周末都要踢个足球赛。体育锻炼使得我长期保持了健康的身体和良好的精神面貌。

"身体没病，心里没事"应该是我们这代人从容的人生追求，这样我们方可为祖国健康地工作 50 年！

80 年代是中国历史上一个独特、令人心动的浪漫时代。

我们对 80 年代心存偏爱。

在这个年代里，人心向善、充满理想、思想解放、改革开放。

在这个黄金年代里，我们完成了从中学、大学到研究生的学习求索过程。

在这个年代的后期，我们又备考 TOEFL、GRE，我们出国留学和进修。

80 年代，我们一直都在追求理想和自我完善的道路上前行。

随着岁月流逝，当年发生的那一切或许正在被人淡忘。但对那个年代的种种回忆，永远会伴随着生动的细节和风趣的评论留存于心中。

大学时期的班长孙柏春多才多艺，书法、绘画、绘图、雕塑样样精通，为人处世、待人接物也值得我学习。他非常喜欢音乐，是李谷一的粉丝。我与其邻床，周末阳光明媚的早上，他床头的收音机总是播放着李谷一演唱的深情、悠扬、励志的女高音歌曲。

下面这首《年轻的朋友》是当年我最爱听的歌曲之一。

每当我听到这首歌，就会触景生情、百感交集，联想到那难忘的 80 年代。每当我唱起这首歌，就会精神亢奋、充满力量，敢于去迎接生活新的挑战。

让这首歌作为这篇回忆文章的结尾吧。

  　　　　年轻的朋友

年轻的朋友,为什么欢笑?

是新的生活使我们感到骄傲。

父兄的期望,祖国的号召,

在我们心头增添了无限自豪。

啦啦啦……

我们的心在一起跳,

啦啦啦……

我们相逢在今朝。

为了亲爱的祖国,去迎接风暴。

看青春多美好,看青春多美好,

啦啦啦……

　　　　　　　　2020年6月29日于大连

结缘哈工大
筑梦马拉松

边东明

交错重叠　连接79&80

值此哈尔滨工业大学建校百年之际，接到邀请撰写此文，深感荣幸。

1. 插班生

现在的人动不动就喜欢给自己或别人贴上这样那样的标签，其实就是在不自觉地划分着各种各样的群体。如果让我选择自己大学时候的标签，那么我第一个想到的就是"插班生"。

在8081拥有这个标签的人可谓是出奇地多：一个是李秀芬，她在7981"点个卯"，就无缝衔接（延期入学）到8081了。还有唐世英，他是第二学期经我们大家的"忽悠"进入8081的。接着就是鄙人了，我是第四学期由于踢球致使身体出现问题，主动提出休学，复学后加入8081大家庭。最后一个是蔡晨，他是同我一起于1981年第一学期正式加入的。

加上我们这几个人，8081在人数上就有了傲视其他班集体的优势。可凡事有利就有弊，班级大了也难管理，最大的问题要属分宿舍。为了照顾我和蔡晨，把我俩安排在唯一的阳面宿舍，导致原本住在那里的张帆、谢卓伟和向树红搬出宿舍。他们和原本与83班混住的林金国、孔令安,还有4089的东建明、梁列至一起,搬到了新的宿舍。如今想来那情景还历历在目,这是8081给予我俩的第一份温暖,铭记在心,毕生难忘。

插班的经历虽然是由于我的身体不适所致,但让我有幸来到一个新的群体,得到了双倍的同窗情,再加上8081给予了我热情的接纳和无限的温暖。感谢大家,遇见你们,我真幸福!

2. 入学伊始

那是1979年的9月,我踏上东去的列车,开始了崭新的大学生活。当时正赶上学校"北返"(1970年1月22日,根据上级指示,哈尔滨工业大学搬到四川省重庆市西南师范学院;哈尔滨工程学院搬到湖南省长沙市矿冶学院。1971年,南迁的哈工大与哈军工二系合并组建重庆工业大学。1973年,国务院、中央军委联名颁布文件,同意国务院科教组、国防科委关于重庆工业大学仍迁回哈尔滨与原哈工大留省部分合并,组成哈尔滨工业大学的报告),原本提供给学生和老师居住的宿舍楼由于闲置,被周围的居民占了去。老师和77、78级的前辈们,就将仅存的宿舍楼住得满满当当,导致学校无法正常安排我们住宿,就将我们暂时安置在电机楼四层,让我们23个同学住在40001小教室(电机楼与主楼连接处北面第一间)。

住在教室里可远不及宿舍舒服。这不,每当入夜熄灯后,不知从哪就会传来断续的抽泣声,一开始还呈点状分布,随后就连成了线、连成了片,好似会传染一样,不知不觉间每个人的眼眶都湿润起来。在临时宿舍常常出现翻身掉下床的"惨案",发出沉闷的钝响,为辛苦的教室住宿生活奏乐助兴。所幸床间距较窄,二层只能掉到一层,一层只能掉到地上,没出现什么严重的事故。由于人多,呼出来的热气也多,凝结在窗户上结成厚厚的冰层，形成了"冰玻璃"奇观。

祸兮，福之所倚。住在教学楼当然也能享受到很多便利：当你睡不着觉时，可以到教室看书；挨着主楼电影院，看电影也很方便；一个班住在一起，大家熟悉得快，全班男同学都是室友。

时至今日，每每看到主楼的照片，我还都不忘留恋地看一眼40001教室的窗户。

3. 食堂

八系的指定食堂是第一食堂。食堂每月发饭票，学生定量35斤，1979年粗粮占70%，剩下的30%细粮里仅有2斤大米。记得那是刚入学的第一个学期，原本定期供应的大米，隔了好长时间都不见踪影，终于在某个中午，闻到了大米饭的香气，不过紧随其后的就是人山人海和嘈杂无序。当时卖饭窗口还是那种没有固定的一排木桌子，人群将桌子向前层层挤压，搞得食堂工作人员拿着菜盆饭桶节节败退，连售卖饭菜都顾不上了。我当时也赶紧加入人潮，有没有吃上不记得了，倒是这段记忆日久弥新。经过这次事件后，第一食堂的柜台就焊上了铁栏杆。南方同学吃粗粮哭鼻子，那高粱米饭也真是无法下咽。后来有了烤糕，才避免吃高粱米饭。有一年东北遭灾，进口了一批加拿大面粉，粗粮票也可以买馒头了，从此告别了高粱米。

让我最难忘的菜是熘肉段，5毛钱一份，既是改善伙食的第一选择，也是打赌的赌注首选；后来又出现了另一种熘肉片，6毛钱一份，全是瘦肉，现在回想起来还能勾起我的食欲。第一食堂北面有个教师食堂，早晨卖的酥饼特别好吃。

忘了哪一年开始，每天晚上食堂人员都来一宿舍卖包子，还有了小卖部，卖方便面什么的。有时自习回来，饿得难受，就买个包子打牙祭。

4."七仙女"的由来

我们机械系历来是男生多女生少。历年招生每个班都只招两个女生。可是这个惯例被79级出现的不可控力打破了——7981刚一开学,李秀芬同学就延期入学了,班里只剩下一名女生;过了一学期,7983一名女同学由于身体原因,转学到昆明大学。至此,两个班均只剩下一名女生,显得特别孤单。因此系里怕再出现这种情况,便在80级招生时,取消了对女生的名额限制,80级由此出现了七位女生,史称"七仙女"。只是可惜了这么多女同学,班上竟然一对儿都没成。

"七仙女"合影

5.电视

休学的第二学期,我身体已经无碍,就提前回到学校。幸得学生会李跃生青睐,委托我负责电视机的管理工作。刚开始是一台国产电视,信号不好。后来顾德库老师从学校领了一台东芝21寸电视机(学校只进了两台,被顾老师"抢"了一台,当时顾老师得意的表情犹在眼前),

这台电视机就成了整个学校最好的电视机之一。每当转播体育比赛，拿出去都特有面儿。

6. 小教室

哈工大可能是资源有限，只有入学第一年和毕业班可分到小教室。刚入学时没有体会到小教室的价值，可经过两年的"游牧生活"方显出小教室的珍贵。记得那是1984年元旦，有小教室的各个班级都组织了联欢会。8081在教室里拉上彩旗，写了一幅具有专业特色的对联——只记得每个字都是一种加工方式，李赫峰操刀书写。在联欢会上还进行了有奖竞答，我把几年里积累的世界之最、天文地理知识等都奉献了出来，答对有奖，答错的惩罚是表演节目。过程记不清了，只记得由于卢长海在某个问题上固执己见，联欢会被迫结束。时至今日，教室的布局我还能记起个大概。

小教室促进了我们的团结，让大家有了归属感。

7. 毕业实习

关于这段旅行的回忆已经尘封在记忆的角落，翻出老照片才依稀将零散的碎片拼凑起来：那是1984年3月末，恰逢中国第一次商用卫星发射成功前夕，我们进京实习。当时同行的有李敏（我俩一个课题）、孔令安、向树红、曹春林、王长滨、张帆，加上我一共有七人，住在航天部第一招待所。记得出发前大家就吵吵嚷嚷地准备好一寸照片，就等着到北京办月票，好乘车到处走上一走。各课题组办完正事，马上开始制订游玩计划。当时的大原则就是，要去月票能到的最远的地方玩。这样看来，现在年轻人流行的穷游也不过是步我们的后尘罢了。

最终游玩计划：游香山碧云寺和八达岭长城。

当时是先游览了碧云寺。依稀记得金碧辉煌且宽敞明亮的寺庙，规模壮观且形态各异的五百罗汉，那时的我有一种刘姥姥进大观园的感觉。参观完山下的寺庙，大家商定徒步登山，坐缆车下山。当时香山绿化还不是很好，登到山顶，山上也是光秃秃的。大家见没什么看头，就草草留下几张照片坐缆车下山了。那还是我平生第一次坐缆车，所以印象深刻，缆车每经过一次铁架子都发出金属碰撞声，并随之剧烈颠簸一下，加上极其简易的座椅让我更加心惊胆战，以至于到现在我一看见缆车就想起香山。

之后就是去八达岭。当时为了省点钱，就没选择就近从西直门直接上火车，而是大早上起来赶公交，用月票先到德胜门再倒郊线公交到昌平南口火车站，半路上车搭乘西直门到八达岭的火车，这样就可以省下西直门到南口的火车票钱。到了长城，我们选择从西面烽火台登长城（忘

小教室

了当时怎么决定的，反正至今东面的我也没上过），这一登暴露了体力短板，大家都累得气喘吁吁。翻着照片，我还记得到了最高处的烽火台，大家虽然体力透支，但精神头十足，一腔热血奔涌而出，尽情呐喊。喊饿了就在长城上吃自备的

碧云寺

干粮。直到傍晚，筋疲力尽的我们乘坐火车直接回到西直门火车站（也不能省钱不要命）。俗话说得好，不到长城非好汉，我们至此皆好汉。

遥想当年，张帆、李敏我们三个还游览了颐和园。据李敏推荐买了两瓶北京特产瓷罐装酸奶，租了条船畅游昆明湖。过程中张帆不小心把装酸奶的瓷罐掉到湖里——那瓷罐押金可比酸奶贵，不过一不做二不休，我们索性把剩下的那个瓷罐也扔到了湖里，还开玩笑说：以后就成文物了（估计前几年昆明湖清淤的时候就和文物一起出土了）。游船的船桨就是根木头，跟松花江上的游船可没法比，超级难划，划到一半我们就悻悻然地打道回府了。

再之后李敏（来过北京 N 次的）领着我游览了北京城的 4 个景点：

雍和宫、景山公园、北海公园和天坛公园。当时考虑不周全没留合影（为了弥补这个遗憾，杭州聚会时在西子湖边专门补了一张合影）。

由于当年商用卫星发射，为了准备庆功，我们提前离开北京，实习就这样草草结束。

登长城前合影

我们只好带着意犹未尽的心情，踏上回归的旅程。

8. 画图匠

一个人能把从小的爱好变成长大后的工作是幸运的，我就是这样一个幸运者。从小我就喜欢动手，大学学了一个动手的专业，很开心！每当有设计课，就成为我施展才华的时间。记得有一次就是这个爱好救了我：当年工艺设计课班级整体成绩不好，我更是时常在班里被作为反面典型，必须写书面检查。齐主任专门找我谈话，谈到最后齐主任问我："你工艺设计课考了多少分？"我回答："优！"然后这事就不了了之了，想必是因为那年班里只有一个优秀。喜爱画图不仅让我上学时免于受罚,更在毕业后受益良多——我一直都没离开画图设计的岗位,设计生产的产品遍布全国各地。我热爱这个专业,喜欢成为画图匠。

谢谢哈工大,把"规格严格,功夫到家"传授于我,使我传承了匠人精神。在哈工大建校百年之际,谨以此回忆,感谢母校!

工作照片

2020 年 6 月 23 日于西安

结缘哈工大　筑梦马拉松

倪厚根

四年同窗　真情难忘

2020年6月7日，是哈尔滨工业大学百年华诞。为此，母校组织了"祝福母校，致敬百年——'哈工大之光'线上奔跑赛"。8081、8083两个班共24人参加了此项活动。在老班长孙柏春的不断催促下，我提前一个月开始准备，终于在校庆日当天，冒雨完成了跑步任务（3公里），为8081、8083跑团贡献了自己的一份光和热。

四年哈工大的学习生涯，留下了许多珍贵的瞬间和美好的回忆，同时，也和同学们结下了无比深厚的情谊。

在我的记忆中，印象最深的是1984年的元旦聚会。由于面临毕业，许多同学还要忙着考研，元旦聚会可以说是忙里偷闲。即便如此，在班委和同学们的努力下，聚会仍然办得隆重、热烈而且充满温情。辅导员程建华老师和杜书记等也参加了我们的聚会。老班长孙柏春是一个多才多艺的人，书法、绘画无所不精（虽然踢球不咋样），聚会那天，他在教室黑板上画了一幅《江山如此多娇》，很好地烘托出了晚会的欢乐氛围。许多同学都准备了节目。我们班的朝鲜族姑娘朴松花跳了一支优美的朝鲜族舞蹈，毫不夸张地说，在当时，简直是迷倒众男生！我和顾荣荣同学还一起朗诵了一首诗。包括我在内，

许多同学都喝多了。不是贪杯,实在是高兴!

说到运动,本人小时候身体不好(贫血),曾经两次晕倒:一次是小学期间,由于没有吃早餐,导致晕倒在课堂上,是班主任给我喝了糖水,才慢慢恢复;另一次,是在敬爱的周恩来总理的追悼会上。于是,从中学开始,我就积极参加运动,特别喜爱足球!在哈工大,我也荣幸地加入了校足球队。

由于在80级八系,8081、8083两个班以男生居多,每次聚会,都会组织足球对抗赛,此项目保留至今。两班约定,今年哈工大百年校庆聚会,还要再踢足球!我清晰记得,在毕业20周年的北京聚会足球赛上,8081的李秀芬同学(女),从场外跑入场内,拽住我的球衣不让我跑。8081为了踢赢8083,真可谓"无所不用其极",连女生都动员起来了!据说,目前8081跑马人数比8083多,我个人认为其中一个重要原因,

就是他们觉得足球技艺比不过8083,体能一定要超过8083!

在我的记忆深处,还有毕业时同学间的离别赠言,让我感动至今。现摘录几篇为证。

冯德臣的赠言是:

课堂球场是战友,今日分别要离走;

祝愿小弟好运气,争做中华一风流。

李志杰同学的赠言是:

出哈后勿忘,回哈后串门。

路双立同学的赠言是:

来时,带来小小顽皮;去时,偷走深深情谊。

北疆,共驰球场;南疆,单舞教鞭。

潇潇,松江之雨;默默,湘水回头。

同勉，二兄六弟；只望，百尺竿头！

孙柏春同学的赠言是：

对人，难得相助；视己，沧海一粟。

事业，锲而不舍；爱情，适龄涉足。

人生，必有坎坷；成功，出自辛苦！

谁说工科生机械、呆板，没有情趣，此时，真情、豪情、诗情、画意，跃然字里行间。

正是同学之间的这份真情，引导我踏上了西行之路。

2019年8月，我女儿的美国留学之旅即将结束。为了参加女儿的毕

业典礼，我提前很长时间开始准备美国之行。孙柏春、康继忠、金海平、王洪波、李克准、梁列至等同学都积极为我出谋划策、提供建议。最终，我确定了美国之行的线路如下：广州—纽约—华盛顿—旧金山—洛杉矶—芝加哥—华盛顿—广州。

之所以选择这条路线，除了要参加女儿学校（约翰斯·霍普金斯大学）的毕业典礼，还要到旧金山、洛杉矶、芝加哥与金海平、梁列至、李克准等同学相见。在旧金山，金海平帮我们一家预订了离机场很近的Marriott Hotel（万豪酒店），酒店坐落在海边，每隔几分钟，就可以看到飞机起飞或降落，蔚为壮观！第二天早上，海平兄买好了豆浆、油条，开车到酒店接我去参加他所赞助的哈工大校友足球赛，我有幸在美国与海平兄一起上场比赛。中午，海平请所有队员一起吃饭。幸运的是，我们在校期间的杨校长和夫人也正好在旧金山，因此，海平又为杨校长

举行了隆重的欢迎晚宴。今年哈工大百年校庆，海平作为海外校友会的代表做视频发言，我为有这样优秀的同学感到万分骄傲和自豪！

离开旧金山，我们开车游览了Yosemite National Park(优胜美地国家公园)。然后，沿着美国著名的一号公路由北向南，欣赏了优美如画的太平洋沿岸风光。抵达洛杉矶，已是当地时间晚上9点多，梁列至同学驱车到机场迎接我们，并安排我们一家住在他的家中。第二天早上，又为我们准备好了早餐，告诉我们游览洛杉矶的著名景点：Walk Of Fame(星光大道)、Hollywood(好莱坞)、Getty Museum(盖蒂博物馆)。在好莱坞星光大道，我也留下了足迹！

离开洛杉矶，我们继续开车前往Las Vegas(拉斯韦加斯)。这座在沙漠中建起的赌城的确金碧辉煌，令人流连忘返。

由于专注于拍照，我耽误了飞往芝加哥的航班，为此，还被女儿埋

怨。还好，航空公司安排改签了2小时后飞往芝加哥的航班，不过，也因此耽误了当天晚上克准兄安排的晚宴。第二天白天，我和女儿在市区游览，按照克准兄的建议，我乘坐了从内湖到外湖（密歇根湖）的游轮。在游轮上，我观看了飞行队表演，十分震撼。下午4：30左右，克准兄开车来到Millennium Park（千禧公园），接我们去吃晚饭。克准兄点了我垂涎已久的鳄鱼和龙虾来款待我们，让我受宠若惊，也惹得班里其他同学愤愤不平，说以后要享受同样的待遇。

　　美国之行让我难忘，因为有许多故事：我触摸到了象征财富的铜牛，远眺了自由女神，也看到了大峡谷的宏伟壮阔……所有这一切，都是源于你们，我亲爱的同学们！"松花江水深千尺，不及同学送我情！"

忆往昔，

峥嵘岁月，

恰同学少年，

风华正茂；

看今朝，

豪情未改，

似长江后浪，

奔流不息；

展未来，

洗尽铅华，

看岁月宁静，

共享安康。

仅以此文，献给母校百年华诞！祝福母校，再创辉煌！祝亲爱的同学们健康、快乐、幸福！

2020 年 6 月 15 日于柳州

结缘哈工大 筑梦马拉松

王东鹏

我们的寝室

1980年入学哈工大,在第一宿舍半地下室的061房间住了一年半。宿舍条件不是很好,阴面,潮湿。若卫生保持得不好,那味道就是五味杂陈了。

寝室初始入住9人,是当时全校寝室入住人数最多的寝室之一。我们寝室开始就是卫生模范寝室,一直是流动红旗获得者,这应该归功于我们寝室的特殊性:一是寝室人员由两个班组成:8083班7人、8081班2人;二是8083班的主要领导班子成员均在我们寝室:班长、副班长、团书记。后来,别的寝室竟把这个当作未能得到流动红旗的理由。因此,我们寝室为了名誉也要争先,何况我们这些同学基本上都有良好的卫生习惯,当然习惯也是领导以身作则带出来的,特别是班长孙柏春和团书记孟圣达,当时卫生打扫、值勤打水、床位整理都是很到位的,每天都有同学轮流值日,即使再懒的同学也没办法,只能跟着。这使得我们寝室基本上没有特殊味道,不像一般男生寝室,臭气熏天。因此我们8083班会经常在我们寝室开。大半年后,班长、副班长被迫到其他寝室起带头作用去了。

寝室里最热闹的时候是每次寒暑假大家都回来的时候。路途遥远的福建同学孟圣达给我们带来沿海地区的改革气息——邓丽君的磁带、三洋牌录音机、台湾的雨伞，使我们内地同学感受到开放带来的进步。山东的王守城同学带来山东的莱阳梨和地瓜干。我还清楚地记得，他说他家终于吃饱饭了，并且吃的是白面。他家的小麦亩产从100多斤增加到500多斤。这也让我感到改革开放不仅使我们能有幸进入高校学习，也给广大农民带来了实惠。

我们寝室的这些人都很有特点。马云辉是年龄最大的，记得我跟他第一次见面已经是入校第3天了，我刚进寝室门，就看到对面窗前床边站着一个穿绿军装的、脸色黝黑的人，我以为是哪位同学的家长，可见马同学的形象如何了，还好我没有开口叫大叔，否则真的闹笑话了。马云辉个子不高，体育很好，特别是打篮球，竟然能盖李志杰这样准国家队篮球队员的帽，可谓机灵得很。

接下来说说孟春祥同学。春祥是个很有个性的人，几何立体感很强，机械图画得很好，基本上都是5分。我很羡慕，因为我除了画法几何5分外，机械制图没有拿过5分，这也是后期考研究生时不想学机械设计的原因。春祥在我们入学第一次摸底考试中，物理提前半个多小时交卷，而且交卷的神态那是相当自信，而我正在苦苦思索钟摆周期和频率之间的关系。春祥同学还有一个爱好，那就是文学。我们俩在看小说上兴趣一致，相互比谁看得多，基本上图书馆借书证上文学部分的栏都被填满了。

再说说王守城同学，他一点也不像山东大汉，书生气十足。刚来时，满嘴山东莱阳口音，我是一句话也没听明白，只好让他写下来。不过，他普通话进步飞速，没超过半学期就很流利了。

而我们寝室的8081班的来自福建莆田的林金国同学的普通话到我们毕业也没有完全说好。印象最深的是刚入学的时候，已经入秋了，而这位老兄只带了一个凉席和夏衣来到北方的哈尔滨，是我们寝室里带东西最少的同学。当时系里负责入学的陈姓女老师（岁数50多）帮助解决了棉被、厚衣问题。林金国同学兴趣广泛，特别是在外语上，当时在本科学习紧张的情况下，除了英语还自学德语、俄语。

我们寝室还有8081班的孔令安同学。这位同学涵养很好，来自于河北张家口，具有坝上高原汉子的气质，但又文质彬彬，谈吐得当，后来考研究生时他选择了马克思主义哲学专业，毕业后的发展也很不错。

最后说说我们班长和副班长。他们俩在我们寝室生活的时间最短，但培养了我们整洁、勤快、卫生的好习惯。副班长刘津臣是哈尔滨本地人，每周末都可以回家，回来时候都会带点好吃的，而且当时感觉副班长在各方面阅历很多。刘津臣同学歌唱得也不错，是我们班各种活动的积极分子。

班长孙柏春来自煤城鹤岗，估计在高中时候就是班级干部，一脸正经，政治性很强，紧跟党的路线走，党叫干啥就干啥。刚入学就组织班级同学集体定时出操跑步，辅导员非常赞赏这个做法。但我觉得我们都是大学生了，应该有自己的自由，早晨时间是我们自己的，不是军队，没必要非得强制集体出操，而是应该靠自觉。因此和班长唱反调：他们出操时，我不去集合，当他们开始集体在操场跑步时，我也在跑道上跑，班里其他同学一看我不在队伍里跑，也就逐渐离开了集体跑步队伍。后来，集体跑步就作罢了。但是，同学们根据爱好，足球、篮球、跑步等活动都能自觉参加，也是一种很好的锻炼。所以，到目前为止，大家都很健康。孙柏春同学钢笔字是我们班最好的，我们毕业证上的手写姓名等都是出自他手。柏春还会写毛笔字，山水画也能画。我们班第一次元旦联欢会他就展现出了才华，让大家刮目相看，所以后期担任我们系学生会主席也就顺理成章了。本来柏春仕途很好，没想到的是后来下海经商，成为了"个体户"，而且现在在数控机床用测量仪器设计制造方面成为我国独树一帜的典范。

  我们这些同学在同一个寝室生活了一年多，后来孔令安、林金国、孙柏春和刘津臣四位同学提前调配到别的寝室，剩下的五位同学一直一起生活到大学毕业。大学毕业时，孟春祥回陕西工作，孟圣达、王守城、马云辉和我考上哈工大研究生又继续在一个寝室生活了三年，而且寝室依然保持干净卫生。

2020 年 6 月 22 日于哈尔滨

结缘哈工大　筑梦马拉松

王守城

大学的回忆

1980年9月1日,我背着简易的行李走出了哈尔滨火车站,在熙熙攘攘的人流中很快就找到了哈工大接新生的汽车,煞是兴奋。汽车一路飞奔在不太宽的沥青路上,间或可看见一辆东北城市独特的有轨电车。路的两侧几乎全是涂着黄色涂料的楼房,路边的树叶已开始变黄,透出秋天的萧瑟。汽车拐来拐去,不知过了多久,忽然看见一幢不太高的建筑上挂着哈尔滨工业大学第四食堂的牌子,接着又陆续看到第三食堂、第二食堂、第一食堂,几乎是同样的建筑。当时心想食堂怎么这么小,后来才知道虽然门面不大,里面甚是宽敞,且食堂提供的饭菜品种多、质量好,价位也合理。

汽车又拐了个弯,很快就停在了学生第一宿舍门口,宿舍门口负责接待的老师很热情,在这里我认识了陪伴我们四年的辅导员程建华老师,系团委书记顾德库老师。老师把我带到了地下室61号宿舍,在这里开始了我的大学生活。

刚入学时我不会说普通话,一口的山东方言。同宿舍的林金国同学与我类似,不同的是他讲福建方言。一天林金国同学问我有没有"Xìnzǐ",我反复问了几遍,就是不知道"Xìnzǐ"是何物,无奈只好拿出纸笔，让他写，他很快就写出"信纸"两个字。我不禁莞尔！

同宿舍的孟春祥个头中等，身体健壮，对足球很有研究。这位仁兄食量很大，一般要吃三个馒头或者八两米饭。一天吃完晚饭后又买了八个烧饼带回宿舍，说是想着同学们晚上饿了可以分着吃。没想到其他人都没回宿舍，他一个人听着收音机，哼着小曲，看书写作业。写着写着就情不自禁地拿起烧饼开吃，边吃边写，吃完一个接着吃第二个，等同学们都回来时，八个烧饼已经下肚。大家得知此事，甚是愕然！

1980年生活水平还较低，记得当时我们的口粮有一半是粗粮，每月有两斤大米票算是奢侈品。一天吃完饭刚走出食堂，徐荣棣把我拉到一边，从兜里掏出几张大米票塞到我手里，告诉我他经常回家吃饭，不太需要这些大米票，执意送给我，我推辞不掉，甚是感动。当时什么话都说不出来，却是终生难忘。这几张大米票比现在的山珍海味要珍贵百倍！

我自幼体弱，缺乏运动能力和运动天赋，主要锻炼方式是走路。也许是从小养成的习惯，走路较快。记得一次与马云辉等几个同学去松花江边玩，一般乘公交车要换乘一次车，需要一角五分钱，若从博物馆乘车仅需一角，于是从哈工大到博物馆我们选择步行，既锻炼了身体又省钱，走到博物馆，大家又商量再走几站乘车可多省五分钱，于是沿着公交线路继续前行，走到下一个换乘点又觉得离松花江边不远了，索性不乘车了，就这样变成了全程徒步。

每年的元旦联欢也甚是有趣，印象最深的是班长孙柏春的画，大

自左至右,孟春祥、王守城、马云辉太阳岛留影

幅的水墨画《江山多娇》挂在教室墙上很有气势。另外晚会的对联也颇具特色,不知是哪个班的教室门上贴着一副对联:上联"土豆白菜高粱米",下联"学士硕士工程师",很有趣。我们班的大文豪张立凯写的对联更显档次,上联"春归何处觅,问茫茫雪原,问百丈冰崖",下联"业精何日成,看满天星斗,看夜半灯光"。对联客观展示了大学生对美好未来的憧憬和勤奋朴素的优良学风,这种学风也使我们两个班在考研中取得了十分优异的成绩。

四年的大学生活,虽然短暂,但许多事情令人难忘。转眼间四十年过去了,时间并没有冲淡同学间的友谊,反而使这种情感更加浓烈。特别是几年前，几位爱好运动的同学组建的跑马群更是起到了非常好的作用，跑马不仅锻炼了身体，也促进了同学间的交流，增进了友谊。

2018年10月，柏春、张帆、亚彬、长滨、海林、海平等同学去芝加哥跑马，东道主克准负责接待。张帆在群里发了一张吃饭的照片，因我儿子在芝加哥留学，就将照片转发给他看看这个地方离他有多远，无意中发现在吃饭的人中有他的室友鲁潇阳，也是张帆

前排左起鲁潇阳、王苏阳、金海平，后排左起刘亚彬、张帆

的小朋友，这就促成了儿子与叔叔们的芝加哥会面，成就了两代人的友谊！

今年是母校百年华诞，谨以此文向母校表示祝贺，感谢母校对我们的培养教育，祝母校再创辉煌！

2020 年 6 月于青岛

结缘哈工大

筑梦马拉松

张毅

难忘的哈工大本科毕业季

哈尔滨工业大学是我国知名重点大学之一。我作为一个东北农村的孩子能够考入哈工大是非常幸运的。

1980年8月30日,我拿着高考录取通知书走入哈工大的校门,开始了我大学的生活。每天奔波于宿舍、食堂、教室、图书馆,在哈工大不但学到了我渴望的知识,也结识了来自祖国各地的同学,他们成了我未来生活中的朋友和伙伴。

大学生活既紧张充满压力,又有快乐和收获。日复一日,很快就来到了大四的毕业设计阶段。我的毕业设计指导老师是孔庆福教授,在孔老师的安排下我参加了"缠绕机设备及控制系统设计"项目组,毕业设计题目是:缠绕机纱架装置结构及张力器设计。虽然在大学期间学习了很多机械工程方面的基础知识,但对于实际课题的研究了解很少。为了顺利完成科研项目的研发,项目组王永章老师带

领我们项目组的1名研究生颜军和7名本科生孙柏春、富宏亚、金海平、李秀芬、吴希平、尚继强和我，来到千里之外的陕西省西安市蓝田缠绕机研究所调研。这是我第一次来到古城西安，在调研工作之余，我们爬上了华山。

华山，古称"西岳"，为五岳之一，自古以来就有"奇险天下第一山"的说法。华山是道教主流全真派圣地，为"第四洞天"，也是中国民间广泛崇奉的神祇，即西岳华山君神，共有72个半悬空洞，道观20余座。这是华山给我留下的深刻记忆。

时间飞逝，很快我们通过了毕业设计答辩。毕业设计的完成标志着我们大学本科学习阶段的结束，即将开始人生新的历程。当年，哈工大本科毕业生都是按照国家的计划统一分配工作，我们每位同学都焦急地等待系里最后的派遣。

1984年7月12日，这是我终生难忘的一天。机械工程系的分配委员会通知我们到机械楼一楼会议室集合，宣布分配结果。我怀着忐忑不安的心情来到参会地点。宣布分配结果方式不是统一宣读，而是专门在会议室里单独约谈告知。前面，我的同学一个一个进去分别拿到了自己的分配通知单，我焦急地在外面等待着。终于轮到我了，进入会议室，感觉阵势很大：会议室里摆放着一排桌子，桌子一面并排坐着我们系分配委员会领导和老师——吴盛林、李传恩、刘洪枝、程建华、朱佰华，桌子前面放着一张为学生准备的凳子（和我们现在博士生面试一样）。

老师让我坐在凳子上。首先，吴盛林老师对我本科顺利毕业表示祝贺，并说明哈工大是我们国家航天领域的重点高校，哈工大学生是祖国发展的栋梁，应该为祖国的发展做出应有的贡献，要服从国家分配到祖国需要的地方去，等等。最后，告诉我被分配到重庆市航天部西南职工大学。

如果是现在，我会毫不犹豫地接过派遣通知书，接受分配安排。但在当时,作为一个东北人,第一个愿望就是留在东北,留在家乡。而让我去大西南重庆市,我一时无法接受。因此,表示不愿意服从系里的分配,希望改变分配单位。但我们系里的领导和老师工作水平非常高,对于我的拒绝,没有急着施压和批评,而是耐心地教导。先从重庆城市的优势出发,展望了我未来的发展空间;再从国家发展大方向进行引导,使我不安的心慢慢平静下来,最终接受了系里的安排。通过大约半个小时的开导和交流,最后,我还是接过了我的派遣通知书,离开了让我永远难忘的、影响我未来人生的会议室。

1984年8月28日,我拿着派遣通知书来到了重庆市。永远难忘第一个迎接我的,是我的大学同学李敏。谢谢李敏,她带我来到了重庆市西南航天职工大学,在这里开启了我未来人生的历程。

2020年6月22日于重庆

结缘哈工大　筑梦马拉松

卢长海

哈工大记忆

哈工大百年校庆搞得非常精彩。我看到后，很是高兴。但是，也有遗憾。因为一些原因，不能和同学欢聚一堂。为了弥补，班长要求我们都写点文字，作为永久的纪念。像文人骚客一样，以文会友，这可难坏我了。同学一场，40年的友情，说点什么呢？从何处说起呢？

就从结缘哈工大、结识同学说起吧。

高考那年，我本想上个综合大学去学习物理，但是因为语文没考好，而未能如愿。幸而哈工大不嫌弃我，把我录取了。

拿到录取通知书之后，购买了去哈尔滨的火车票。我怀着既兴奋又忐忑的心情，踏上了通往北国的列车。十几个小时后，来到了哈尔滨。坐上哈工大接新生的汽车，被拉到了第二宿舍，入住4097房间，在那里认识了第一个同学唐世英。

唐师兄是一个"怪人"，他不爱学理工科的课程，反倒对文学感兴趣。我至今仍然记得他在床上高声诵读的样子。他自己也写诗，一些他写的诗句，我还依稀记得。

当沉沉的长冬童话般地隐逸，
天际又升起徘徊的纤云。
那是初春悠悠的情缕，
古月的光华正酝酿着春的气息。

我现在已经与他没有联系了,也不知他的诗集可曾问世。

初入学时,还有一件事,我现在还能记得。那就是林金国用极其浓重的福建口音做自我介绍。我是无论如何也听不懂他说的话。我就说,你能听懂我说的话吧?把你的话写出来就行了。感谢秦始皇统一了汉字,不然我怎么能和福建人交流呀。现在金国已经走了,我们都很想念他。

我多希望能在哈工大百年庆祝时,和同学们欢聚一堂啊!

在哈工大的学习生活中我结识了许多同学。有"七仙女",有班长……他们中有的成了大企业家,有的成了政府官员,有的成了学者……他们都是我生命中最重要的人,在我心中他们就是我没有血缘关系的亲人。

在瘟疫横行时,我祝同学们安康!

2020 年 6 月 20 日于北京

结缘哈工大

筑梦马拉松

李敏

同学情　一生情

在迎接母校哈工大百年华诞的日子里，班长点着名要我们写回忆文章，我开始绞尽脑汁、搜肠刮肚地想辙，没想到一时间竟思潮翻涌。大学四年在人生长河中只是短暂一瞬，但留下的记忆却久远而深刻。小记两段，以慰深埋心底的同学情，也算是完成了一个作业，对班长有个交代。

一、"七仙女"的首次会

在中国这个大家族里，语言的种类繁多，除少数民族的语言外，就算是汉族也是十里不同音。而我们80级八系的"七仙女"来自祖国七个省份，其中有说上海话的，有说福建话的，还有一位朝鲜族同学。

第一天"七仙女"聚齐后，大姐组织我们开了会，大家开始做自我介绍。每位同学都努力用自认为标准的普通话做自我介绍。当上海同学介绍时，大家都听不懂，我主动帮她"翻译"。这时有同学说：请讲普通话。上海同学"反击"道："我说的就是普通话，要不怎么有同学能听懂！"我马上说："你说的真的不是普通话，我是因为在上海住过多年能听懂而已。"接着，福建同学发言了，此时真的没人能听懂了。大家就连蒙带猜，也不知是真懂还是真不懂，福建同学居然过关了。最最激动人心的时刻到了：朝鲜族同学开始做介绍了。别说一句话都听不懂，就是猜都找不到头绪，一头雾水,真的真的没招了,"六仙女"只好乖乖地举手投降。有趣的"七仙女"首次会议就这样结束了,但大家并没放弃交流与沟通,该学普通话的学普通话,能听音猜词的努力绞尽脑汁猜猜猜,就这样,

"七仙女"合影

很快"七仙女"这个小团体就能交流自如了。

二、同学情谊产生了"老佛爷"

2013年的6月,8081班的同学决定在杭州聚会,我作为积极贪玩分子,肯定不会放弃与同学聚会的机会。在杭州的梅雨季节里,那一天六位男生在"总舵主"长滨的鼓动下,冒着滂沱大雨在西湖边晨跑,完成了全体同学肉眼可见的"准马"。看着同学们精神抖擞的落汤鸡样,我的心里又好笑又感动,心想即使不能像他们那样狂奔,也应该像他们那样坚持锻炼。可惜年底在工作时不幸受伤造成左腿膑骨粉碎性骨折,而转眼就是我们80级毕业30年的聚会期,由于钢钉在腿,行走还不利落,于是在聚会时总有同学关心和搀扶。张帆同学就把"老佛爷"这个美名加之于我,直到现在同学们相聚,也都会用标准的搀扶姿式合影留念。

此后,每每看到大家生龙活虎的样子,我心里那个急呀……待到钢钉取出后,我就用另外的方式锻炼,先是坚持每晚慢走,到后来快行,现在

被同学封为"老佛爷"

在专业医生的指导下坚持每周游泳,锻炼腿部肌肉,争取缩短与同学们的距离。

今年正逢母校百年华诞,在同学们的鼓励下,我斗胆报名二队百公里团队赛和个人6.7公里跑,在浓雾和大雨中完成了长跑首秀,为母校献上了爱您四十年的学子祝福!

我想,"老佛爷"的称号慢慢地会成为我人生中最美好的回忆。

2020年6月于重庆

结缘哈工大　筑梦马拉松

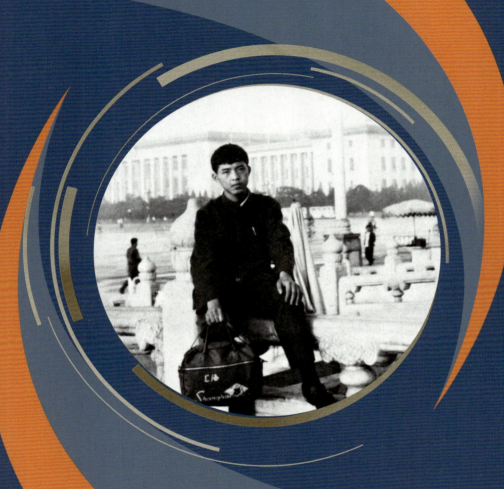

刘海谦

报 到

  1980年8月下旬，一位高中老师骑着自行车急匆匆地将哈工大录取通知送到我家。他听说我家困难，接到录取通知书，第一时间就送来，好让我父母为我到遥远的学校报到留出充分的准备时间。要知道我可是生活在西南腹地的贵州贵阳，哈工大在东北最边远的黑龙江省会哈尔滨。展开中国地图一看，哇塞，两个城市拉根线，正好是根对角线，相距四千多公里。虽说第一时间拿到录取通知书，但离报到时间9月1号也只有十来天。我父母都是老实巴交的工人，头脑单纯得很，以为到了9月1号没去报到会被取消录取资格（录取通知书就是这么说的），所以匆匆忙忙就去买火车票。1980年，交通方式还落后得很，火车票很紧张，要想买到坐票得提前好几天，还不一定能买到，而要想买卧铺票就得找关系。父母是干苦力的工人，哪有什么关系。家里穷，昂贵的卧铺票想都不敢想。父母怕我错过报到时间，只好买了张站票，没过几天就打发我一个人上路了。

  我考上大学时不满17岁，从来没出过远门。妈妈看着我单薄的身体，担心没有座位的我带行李不方便，坚持让我轻装上阵，就拎了一个随身小提包。妈妈泪眼婆娑地送我上了火车，黑瘦矮小的爸爸尽管没流泪，但看得出他对我很是担心。虽然穷，父母还是花钱把我的行李托运了。

  当年到哈尔滨没有直达列车，必须到北京转车。贵阳直达北京每天只有一趟，要坐整整两天两夜。我一上车，车厢里人声鼎沸，到处都是人，过道上挤满了人，车厢接头处也挤满了人。我第一次出远门，根本就不知道怎么找座位，看见车厢接头处人少些，就找个地方站着。火车从贵阳出发时已是傍晚，没多久天就黑了。"咣当、咣当"，火车有节奏地朝前开着，嘈杂的声音逐渐消停下来。我不知道是激动还是兴奋，或许有点担忧如何到达远方的目的地，一点睡意都没有。我孤独地靠着车厢，闭目养神。

不知不觉天麻麻亮了，好像进入了湖南境内。八月的湖南不像天无三日晴的贵州那么凉爽，本就挤满人的车厢遇上火热的湖南，人们烦躁地用扇子或者报纸、书扇着，汗还是止不住地往下淌。

好不容易挨过了燥热的白天，天渐渐暗了下来。火车到了湖南境内的最后一站岳阳站，上来一个中年汉子，主动找我攀谈，问我从哪上的车、准备到哪。我如实告诉他，起点站贵阳上的车，准备到终点站北京。他摇着头表示不相信，我拿出录取通知书给他看，他信了。他可怜我，教我到车厢里面去问别人都到哪儿下，问到前面不远的站下车的，就站在他旁边，等他下了就有座位了。其实无知的我根本不知道哪个站近哪个站远。可能是老天可怜我，我走到车厢中部，看见有个座位空着没人，我就问旁边的一个老伯有人吗，他说没人，于是我就幸运地得到座位了！和老伯的聊天中得知他也是贵阳的，姓夏，巧的是他家离我家不过一里地。一路上，他把我当成他的孩子照顾，我把他当成我的长辈依靠。

天黑了，又亮了，又熬过整整一个炎热的白天，经过湖北，穿过河南，进入河北，傍晚，火车终于到了终点站北京。一出火车站，夏老伯首先领我去签票窗口签第二天早上到哈尔滨的火车票，然后带我去吃东西，他当然不会让我花钱。吃完东西，我们又回到火车站，到候车室找个椅子休息。夏老伯经济条件不好，我也没钱，我俩就在车站熬了一夜。第二天天刚亮，我就求夏老伯带我去向往已久的天安门。到了天安门，我迫不及待地在天安门广场照像留念。

之后，夏老伯又立马带我到火车站，送我上了去哈尔滨的火车。

时间：1980年8月28日
地点：北京天安门广场，背景是人民大会堂
背景：当时刚考上哈工大，报到途中路过北京。到北京最重要的事是到天安门广场照张像。此时刚天亮不久。

时间：1980年8月28日
地点：北京天安门
背景：当时刚考上哈工大，报到途中路过北京。到北京最重要的事是到天安门前照张像。此时刚天亮不久。

经过整整三天四夜的舟车劳顿，我终于如父母所愿按时到了哈工大。

今天写下这篇小文，心中满是怀念和感恩，感念母校的培养，感谢萍水相逢的夏老伯！

2020年6月25日于贵阳

结缘哈工大 筑梦马拉松

朱彬

哈工大予我盛世芳华

"心有猛虎，细嗅蔷薇"是英国诗人西格夫里·萨松的经典诗句，意为忙碌而充实的生活中，不仅有志向高远的雄心与理想，亦有安然感受润物无声的恬静与美好。时光荏苒，岁月穿梭，转眼间与我人生交织熔融的哈尔滨工业大学迎来百年华诞。蓦然回首，追梦哈工大40年，往事历历在目，正如上述经典诗句一般，思绪万千。

1980年7月，高考圆满结束，我无比兴奋地与全家人一起填报大学志愿。我的父亲——一位毕业于上海交通大学的高材生，用非常坚定的语气对我说，报哈尔滨工业大学吧。听闻此言，全家人都睁大了眼睛。对于一个南方小姑娘来说，哈尔滨就像在遥远的天边，只有冰雪与寒冷，让人有些许惧怕。但父亲和蔼地对我说："哈工大是我国著名大学，是工程师的摇篮，为国家建设培养了无数栋梁人才，日后你一定会以考上哈工大为荣。"听了父亲的一席话，我坚定地报考了哈工大，而且是我填报的唯一的重点大学志愿。

冰城是那么遥远，家乡是那么让人留恋。慢慢地拨动记忆里的碎片，点数着那些曾经的初衷，漫步于纵横的时光中。雄伟壮观的哈工大主楼，严肃认真的学风，品德兼修的老师，极具凝聚力的集体，无私奉献的精神……这都是我心中的回忆。

辅导员程建华老师陪伴我们度过了大学四年美好时光，在学习、生活及各项活动中对我们无微不至地关怀与严格管理，引导班级成为了一个认真学习、相互关心、热爱生活、积极向上、具有凝聚力的集体。新生第一学期最难的课程是高等数学。记得每次上课之前，我都要课前预习，可往往还是会遇到很多难以理解的理论。高等数学课金老师的讲授总能使我豁然开朗，激发数学灵感，我数学期末考试成绩总是优良，为后续理论课学习打下了扎实的基础。专业主课机床设计任课老师黄开榜授课有方、精准到位，让我在这门枯燥的课程学习中，既轻松又有效率，学深悟透。我这门课程参加研究生考试得了94分的高分，让我欣喜若狂。让我最为感动是大学体育课的徐老师，她不仅给我们上好每一节体育课，而且从大学的第一天开始，每天带领我们晨跑，哪怕是严冬零下20多摄氏度，包在头上的围巾都起了白霜，也从不间断。记得我悄悄地问徐老师："你清晨带领我们跑步是你的教学任务吗？学校给你加工资吗？"她说："不，我有责任和义务把我们大学生培养成为有毅力、身体好、能吃苦的国家栋梁。"在徐老师的带领之下，我真的培养出了清晨锻炼的好习惯，直到现在依然受益。有太多回忆关于这些可敬可爱的老师，让我们思念至今。

我的班级8081班，同学们大学四年发愤学习，努力、向上、团结、友爱。让我记忆深刻而难忘的是1984年的元旦班级迎新年联欢会。当时全班同学27人，但准备参加研究生考试的同学有22人。考研的同学没有时间为晚会做准备工作，而这项工作就落在了班级另外五位同学身上。这几位同学毫无怨言，承担起了活动的全部准备工作：服装道具、布置教室、购买水果食品等，特别还为班级的每一位同学制作了一本纪念相册（我珍藏至今）。联欢晚会上，同学们尽情地歌唱，尽情地欢笑，把毕业前的同学情师生情推向高潮，令人终生难忘。参加研究生考试的同学也没有辜负这些同学的辛苦付出，有19名同学顺利地考上了硕士研究生！

在哈工大读研究生期间，我更进一步领略了哈工大严谨的态度和无私奉献、为国尽忠不计较个人得失的精神。这种精神深深地感动了我，使我有个强烈愿望，希望能成为哈工大光荣的一员。终于在研究生毕业的时候我的愿望实现了，我成为哈工大管理学院的一名教师。刚刚入职，不仅要讲课及参与教学的各个环节，还要参加科研项目研究，自己的教学经验和研究能力都不足，压力倍增。当时我参加了一个国家重大课题——中国2050年能源经济与环境研究项目，白天要做好教学与科研工作，晚上往往要研究到深夜，做调研、查资料、写研究报告，常常感觉到疲惫不堪，有时候甚至感觉扛不住了。历经三年，终于完成了这项重要的课题研究，并且获得了部级二等奖，极大提高了我的研究能力和理论水平。大量的教学和研究工作，不断的磨炼和提高，使我逐步从一名助教，成长为讲师、副教授直至教授。在哈工大的教学与管理工作中，我倍感骄傲的工作就是为哈工大EMBA的创建和发展做出了很大的贡献，取得了傲人的成绩，培养了大批优秀的高级管理人才，成为哈工大优质教育品牌的亮点。

过去的时光，在不断激荡，却如水流，直奔千里从来就没有回头。只是在我们不经意的时候，可以看到那水流就这样静止在我的梦里。艰苦朴素的品质、严肃严谨的学风、无私奉献的精神刻入我的心灵，激励我从一棵小树苗成长为育人的园丁。那些走过的路留下了印记，在年复一年的日子里画下彩虹。这就是人生里面的志忑，也是人生的希望，就如我们人生里的每一段新征程，有着盛世芳华。

哈工大百年校庆来临之际也是我退休的第一年。有幸选择了哈工大得以实现我的人生价值，"规格严格，功夫到家"的校训教育了我，"铭记责任，竭诚奉献的爱国精神；求真务实，崇尚科学的求是精神；海纳百川，协作攻关的团结精神；自强不息，开拓创新的奋进精神"感染了我，哈工大为我充分施展才华提供了广阔的舞台。作为哈工大的一分子，我为哈工大这盛况感到骄傲，也为我对这芳华的付出感到自豪。

2020 年 7 月于哈尔滨

结缘哈工大　筑梦马拉松

张丽萍

每一片雪花都落在正确的地方

收到班长孙柏春的信息，说是要写点什么。这会儿坐在电脑前，40年来的经历像过电影一样，竟然有点小激动，这是从未有过的写文章感觉。满心的感恩，满心的荣幸，因为偶遇了哈工大。

上哈工大就像一场梦，我的人生因为哈工大充满着阴差阳错。

阴差阳错的开始

就从收到哈工大的录取通知书说起吧。在报考之前，我有一枚徽章后面写着"哈尔滨"，这三个字像有魔力一样吸引了我。在跟班主任老师沟通填好志愿后，我自己悄悄在后面写上了"哈尔滨工业大学"。8月底，同学们陆续收到了通知书，我没有收到。那几天，像父亲般的班主任老师和我父母非常紧张，妈妈每天带着妹妹一起到大队部去等挂号信。8月27日早上，妈妈听我小学的老师说，好像看到过一封我的挂号信，妈妈和妹妹去放信的地方没有找到。妹妹不死心，拉开办公桌的抽屉，在抽屉的最下面看到了一封写着我的名字的挂号信。妹妹说，当时她的心都快跳出来了，她现在谈起这件事，仍然会浑身起鸡皮疙瘩。当我写下这些文字的时候，我的心跳在加速。27日中午拿到通知书，第二天一早就出发，火车一路无座位，颠簸了近100小时，9月1日到了梦想的地方——哈尔滨。

之所以老师和妈妈会紧张和焦虑，那是因为，我在1979年参加过一次高考，当时我的成绩在班里属于中等偏上，但高考分数居然是150分，超出所有人的想象。显然是出错了，错在哪里不得而知。我二话不说，第二天就开始重新复习。1980年高考，我考了全校第一名，给了我偶遇哈工大的机会。

这就是我阴差阳错的开始。

我在哈工大只有四年。这四年，影响的是我一生的生命轨迹。头几年对母校没感觉，越到后面，越觉得我早已被母校所塑造。

不解风情的岁月

我本来就不爱说话，到学校后，最大的障碍是不会说普通话，听也有点困难，这让我更加不敢开口。我们班只有2个女生，朴松花的普通话水

和朴松花合影

平跟我差不多。在那个年代,本来男女生的交流就不像现在的孩子们开放自如,大学四年,我们很少跟男生说话,男同学似乎也不理我们,当时很没有存在感。

好在我和朴松花的体育都不错,每年的运动会上,班里的得分大多数是我们两个女生得的。在那几天,我们两人成为了焦点,男同学们,特别是路双立、孙柏春、孟圣达、孟春祥等班委同学会给我们递水、拿巧克力。一年一度的运动会,让我刷的存在感足足可以用一年。

运动会上的风采

大三暑假,我就早早地把自己"解决"了——他(现在的先生)是我高中时候的班长。那一年多,我好勤快,每天去邮箱取信件,因为他每周会给我写好几封信。他在我们大四的时候，来过哈工大，李秀芬见过他，表示不同意。她说："这个人不如我们两个班里的许多男同学帅，配不上你。"这说明，两个班的男生们在我们心里，还是挺帅的。

当年的男女生纯真得不交流，这变成了我们生命里美丽的故事。后来每次同学见面，这就变成了一个必然要调侃的话题。曾经有人开玩笑说，知道你是这样的，我当时应该娶你。我说，如果你娶了我了，我可能就不是现在的这样。

每一片雪花都落在正确的地方，每一件事的发生，都是该发生的。

锻炼，成为生命的一种底色

大概是命中注定体育运动跟我每一天的生活都有关系。大学四年间，有一位女体育老师叫徐枫，她给了我终身受用的财富。她每天早上准时叫我们起床，然后出去跑步锻炼。四年时间，每天风雪无阻的早起锻炼，促使我养成了锻炼的习惯。无论身处何处，我每天坚持跑步。40 年来以不同的方式坚持锻炼，练就了我的意志力，保证了我的身体健康，到现在我还基本保持着大学时期的身材，不用费心减重。

2002 年因为打网球膝关节半月板损伤，不能再跑步了。不然，我一定是跑马的热心追随者。我虽然不能参加马拉松，但是我的心一直在关注马拉松。每天看着同学们在群里的各种晒，就已经让我有了足够的生命活力。我常常会自豪地跟我的朋友讲我的同学跑马、每次两个班聚会仍然要踢足球的逸事。马拉松精神在鼓励着我跑生命的马拉松，我仍然是"为祖国健康工作 50 年"的热血青年。

丰富了我的阅历

到哈尔滨上学,对在福建长大的我来说,有很多的挑战。首先是冷,上学之前,我没见过雪,没见过棉袄,不知道什么是褥子。带了一床4斤的被子,穿着一双凉鞋就去哈尔滨了。冬天的晚上,我们宿舍盆里的水面上会结一层薄薄的冰。系里张老师关照,给我发了褥子和棉袄、棉裤。在那个爱美的年龄里,看到发的棉袄、棉裤,实在没法穿,我用了一个周日,自己修改。在此,特别感谢李秀芬的帮助,她给了我一床被子。过年的时候,没法回老家,去李秀芬家过年,她妈妈给我做了合身的棉袄,解决了冬衣问题。

从南到北,从家乡话到普通话,从大米稀饭到馒头,从煤油灯到电灯、从步行到火车,从一年四季的光脚或凉鞋到棉鞋,从土房的学校到高楼大厦……太多的无法想象,入学第一个月我都处在好奇的状态,居然忘了想家。

和同学在学校的院子里戏雪

10月初,我独自去秋林商店买鞋子。以前从没见过那么大的商店,也不知道有多个出口。回去的时候,走错了出口,宿舍的姐妹们和林金国着急地到处找我。让我感受到,原来有那么多人在乎我,那一天晚上有点想家。

10月8日那天,第一次看到了下雪,触摸到凉凉的雪。那天,正好冒雪参加冬储大白菜的劳动,尽管一天几乎没有说话,但是,心里兴奋了一整天。

奇怪的是,当时并不觉得苦,也许是因为我每顿饭可以吃饱了,因此,一个学期我长了25斤。这样的经历,大大地丰富了我的阅历。大学毕业36年来,我跟我先生一起走南闯北,无论做什么,无论是什么环境,我都不觉得难。

第一学期体重飙升25斤

不解之缘

我们宿舍7个女生,我们7个人的兄弟姐妹加起来25人,竟然只有2个男性,每一个姐妹的缘份都是一份财富。

每次从家回来，必然要在张思明家住一夜。她家在我认知里就是"豪宅"了，在她家感受了城市人的家庭和生活方式。

沈亚红话并不多，但是一出口就有点料，她会耐心地教我普通话的发音，钢笔的"gan"到"gang"，我足足练了半年；"len"到"ren"练了有一年。

李敏是我心目中的女侠，一身军装，挎个军用书包，英姿飒爽，有难事找她，绝对该出手时就出手。我特别羡慕的是她的快人快语。

朱彬大姐是知识分子的化身，150%投入学习中。我的流体力学课不及格，感到惭愧，只想放弃。看到大姐的学习状态，我又重新上道，干脆让她给我辅导一下。

我几乎天天跟李秀芬在一起，吃的饭菜也放在一起，基本是她买贵的，我买便宜的。我们两人在一起，也没有那么多的话，就是有很好的默契。

与李秀芬合影

每当学校停电的时候,我们定会一起天南地北地聊一晚上。四年的生活,她在我心里,就像姐姐一样,成为内在的精神支柱。

1999年,我在洛阳,她在牡丹江。夏天,我出差去牡丹江在她家住了一天,我们一起展望,有朝一日能够在北京附近的城市会合。第二年6月,当年不被李秀芬看好的我的那个"他",请她去新奥集团,让我们心想事成,有了十年共事的机缘。现在,我们还是廊坊的邻居,偶尔会一起叙叙旧。

难忘的贵州遵义

我毕业分配到贵州遵义的三线基地3655厂,又是一个四年。

对毕业分配,我完全是顺其自然的心态。只是觉得离在洛阳的男朋友好远。有同学安慰我,有同学找老师沟通争取换个去处,还有贵州籍的刘海谦同学,多年后见面,对我表示抱歉。因为,去贵州的名额本来应该是属于他的,他考上了研究生,我就成为去贵州的人选。

到了贵州上班后,我倒是觉得很开心。在山沟里,回到了大自然的怀抱。在工厂里,不管是技术人员还是车间的工人,每一个人都那么朴实友好,我每天都过得很充实。1986年结婚的时候,所有的东西都是师傅们凑的,连结婚证都是车间主任帮我去领的,至今上面没有照片。

1988年,当我有了孩子之后,顺利地调出了三线基地,到了洛阳的空空导弹研究院。我是3655厂第二个调出去的人,没有任何特殊关系和靠山,没有送一点礼,很多人都觉得不可思议。现在回想起来,大概由于我是哈工大的毕业生,而且,那几年大学生比较少,加上"规格严格,功夫到家"的做事精神,让我得到各方面的认可,大家都愿意帮我。

回忆在贵州的四年，仍然是满满的感动和温暖。

写上这一段，是为了感谢当年为我找老师和安慰我的人，也为了让刘海谦同学不再因此感到抱歉。

贵州遵义 3655 厂 1

贵州遵义 3655 厂 2

"规格严格,功夫到家"给我的影响

我是文科的脑子,哈工大愣是把我"掰"成理工女。当年制图课的相贯线,我怎么也弄不懂;还有流体力学的这一缸到那一缸的,总会把我整糊涂。当然,指望哪位男同学帮我,那是不可能的。我不好意思去问谁,只有自己闷头儿啃明白。

四年的钻研,让我在工作中也养成了认真努力的习惯,当然,还存在着有问题不问的毛病。毕业后编了5年的工艺,后来做设计,再到设备国产化的项目经理和生产厂长,我一直在践行着"规格严格,功夫到家"。例如,导弹测试设备国产化零件数百个,我知道每一个零件外协加工状况、数量、当下在仓库的状态。在非标产品生产和国产化过程中,常常会遇到

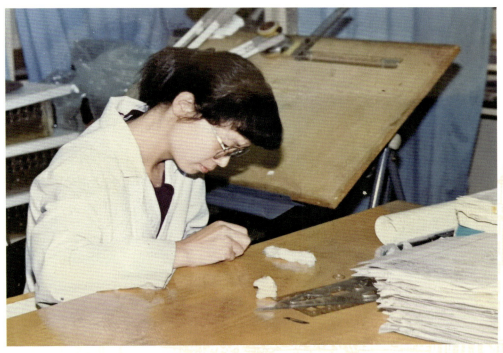

规格严格,功夫到家

公英制螺钉螺母问题。我穿的白大褂兜里，一边是公制的，一边是英制的，我只要看一眼就知道是什么、有多大，摸一个出来就配上。

大学毕业的时候，我给自己定位的是，不能当老师和领导，只能做技术工作。后来，完全不一样了。姚英学曾经跟我说，编工艺的逻辑，会在不知不觉中锻炼人的逻辑思维。看来那几年的工艺没有白编，奠定了我做其他工作的逻辑基础。

敲下这些文字，仍然思绪万千……

张丽萍近照

哈工大，让我们成为有故事的人。还有很多关于"七仙女"的故事，有后续同学见面与互相帮助的故事，有同学们除了跑马之外的许许多多的故事。如果让我重新选择，我一样会选择哈工大，一样会选择这样的路径，一样会欣赏关心足球和跑马的同学们，一样愿意"七仙女"一起同室共处四年，一样喜欢当时不解风情的男生们。

2020 年 6 月 16 日于广州

结缘哈工大 筑梦马拉松

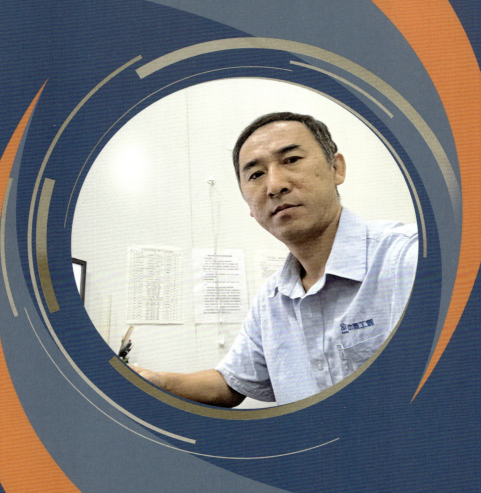

路双立

碎片记忆

校庆百年，柏春班长留作业让写东西，真是赶鸭子上架，难啊！不读书、不看报、不写东西已经好多年了……出国留学开疆立业的大咖，咱没这个经历；跑马群里这帮奔六的老顽童，一个个撒着欢儿地屡创佳绩，更是让人羡慕！整啥呢，调动一下快要痴呆的大脑，搜索一下模糊的记忆，整几个碎片给大家唠叨唠叨吧！

碎片一：高中

我是在哈四中上的高中，当时是市重点，比不了荣棣他们的哈三中，是省重点，个个都是学霸。我家在香坊区五叙街。上学骑辆脚闸的自行车，二六的还是二八的，记不住了。每天上学、放学钻过哈三中下面那个桥洞。两个大坡，挺费劲，记忆非常深刻。稀里糊涂混了两年，混进了哈工大，有幸跟咱这帮同学混在了一起。

碎片二：着装

柏春斜戴一顶蓝色的帽子，帽檐有点塌，看起来有点像"钱广"，与之形成对比的是张毅的军帽每次都整得挺挺的；老荣冬天穿的棉裤棉袄比较厚实，让他看起来像个充气娃娃；顾荣荣和小弟每人戴了一个狗皮帽子，天天戴着乐颠颠地，不同的是，小弟书包挎在胸前，打着出溜滑，顾荣荣则弯着腿，弓着腰，探雷似的，生怕滑倒；老康的鞋好像有点大，走起路来"咔嗒咔嗒"，自带伴奏。

碎片三：体育委员

不知道是被老师忽悠的，还是同学们选的，我当了体委，进了领导班子。大学四年，我带领同学们上体育课、出早操、参加运动会，也还算有点小成就。记得一次上体育课，在做完准备活动之后，郑老师带领我们开始踢足球。在郑老师没有防备的情况下，小姚同学一脚势大力沉的射门直奔郑老师面门而去。这脚堪称世界波的射门，直接把郑老师打蒙了。受此事件影响，小姚同学再也没有在足球上继续发展，不然的话我们班的足球水平还会更上一个台阶。

再说说运动会，作为我们班仅有的两朵金花，张丽萍和朴松花，每次运动会都是我们的拿分骨干，班级的分数一半或者一多半都是她辛勤付出得来的。跑步、跳远、接力，无所不能，在这里提出隆重表扬，作为体委，我更是非常感谢！

碎片四：大栅栏聚会

大学毕业后不久，大概是 1985 年夏天，张泮和师玉文出国前路过北京，和北京的同学有一次聚会。记得大家先到大北照相馆拍合影，之后去了一个比较著名的酒店吃饭。我们一帮不知天高地厚的家伙晃着膀子进去了，一看菜单拍黄瓜六块钱，顿时尴尬了！当时一个月的工资就 53 块钱，商量一

下果断撤退，并撂下豪言："等老子有钱了，一定来这儿大吃一顿！"只可惜，现在钱有了酒楼却没了——不过我先在这里发个邀约：等我回北京，我们来个"反攻倒算"，一定找个比那个酒店还著名的地方大吃一次！

碎片五：哈马

2018 年夏天，在柏春和荣棣的鼓动下，我和老婆特意选择在哈马期间回哈尔滨看望父母，同时给跑马的同学们加油助威。记得当时和秀海、赫峰一起在路边摇旗呐喊，不亦乐乎。柏春、长滨的严肃对待，张帆、荣棣的嘻嘻哈哈，亚斌的坚持和老马的随便（随便穿了个老头散步鞋），

他们跑马时的状态，现在依然记忆犹新。

最后简单说一下我的经历：大学毕业后分配到核工业第二研究设计院，现在叫中国核电工程有限公司，此后一直未动地方。期间，1985年到湖南湘西永顺县支教一年；1989—1992年去大亚湾核电站；在一个法国公司待了三年；1998年到岭澳核电站待了半年；2003年到连云港核电站待了半年；2005—2007年在甘肃嘉峪关待了两年；2012年到现在一直在四川广元。

2020 年 6 月 17 日于四川广元

结缘哈工大　筑梦马拉松

孟春祥

一点记忆

十年过去了，二十年过去了，三十年过去了，不知不觉四十年了！

回忆起当年在哈工大读书的四年，只剩下片段……

入学时，学校组织参观东北民主政府办公旧址、烈士陵园和侵华日军第七三一部队遗址，参观自然博物馆，第一次看到两米多长的鳇鱼。

入学不久后的一天，在体育馆西边的小路上遇到师玉文。他说："衣服'埋汰'了，回宿舍洗衣服。"但是，我没听明白，不知道是什么意思。后来，实在忍不住，问过几个人，直到再次听到"埋汰"的发音，才知道"衣服埋汰了"就是"衣服脏了"，并学会怎么写。

记得马云辉讲他家乡的稻田，他能用镰刀

在水中砍到鱼。现在不知道,老马的家乡是不是还是这样美好。

知道王守城是山东人时,心里想:书上都说"山东大汉",他怎么如此瘦弱?刚从地下室搬到二楼时,守城胳膊被蚊子叮了,肿得老粗,明晃晃的,有点吓人。东北的蚊子厉害,山东人也扛不住。

有次回宿舍,看到一个不认识的人坐在那,抽着烟,和宿舍的同学唠嗑,从容、淡定、平和。我坐在床边,有一种非常舒畅、温暖的感觉。我第一次体会到,一个人的和善,不需要语言就能感觉到!他是孙柏春的大哥,来送丁字尺的。

记得1984年,我和几个同学到老路家吃饭,看过他创作的烙画(用烧红的通条,在木板上烧烫出景物),非常惊讶。那天我们喝了很多啤酒,步行回的学校。

…………

大约 1987 年夏天，孟晓春到西安 691 厂出差，听说我们厂已经从秦岭山中搬到了终南山脚下，就坐我们厂的班车来了，让我感到惊喜而意外。第二天，我们一起逛了西安城。

1987 年的冬天，又一个惊喜出现了。老路来了！把酒言欢的内容已经不记得了。他是路过西安？到西安出差？怎么知道的地址？也不记得了。

回想上大学的日子，自己很无知、狂妄、自以为是，经常和别人争论问题，争得面红耳赤；不上晚自习，学习不认真，爱看"乱七八糟"的书。想来真有些惭愧。尽管如此，这些回忆对我来说，仍是珍贵而美好的。

2020 年 6 月 17 日于西安

结缘哈工大　筑梦马拉松

王宏波

你是我人生中的航标灯

——献给我的母校哈工大百年华诞

六月的天空,湛蓝无瑕,莫斯科的夏天一如往常地温暖明媚。这样的夏日清爽,总能让我想起哈尔滨的春天,艳阳高照,暖而不灼;松花江水,微波荡漾,舒缓而宽广;故乡的云,旷远、洁白而妩媚。孩提时代跟随大人去松花江边野游,坐在自行车上,总会沿着大直街行驶,总会路过一座高高的建筑——巍峨入云端的哈工大主楼。那时候,自己并不能很好地理解,这是一个什么样的所在。

今年是哈工大百年华诞,亲爱的母校,我不知道,我应该拿什么奉献给你,作为给你的生日礼物。

从1980年开始,我在你的怀抱里成长为本科生、硕士研究生,然后留校任教、公派出国攻读博士学位。"规格严格,功夫到家",这不是深奥的哲学思想,而是严谨的工科专业精神,是哈工大先生们和学生们心中的一把高精度卡尺,是加工我们民族未来的一台超精密机床,是铸就每一位哈工大学子思想灵魂的炙热熔炉。

人的一生,有许多巧合与奇迹。说到人生的幸运者,那我一定就是其中之一:当年,我考入了哈尔滨的重点中学哈尔滨师范学院附中(1980年1月更名为哈尔滨师范大学附属中学),两年后以师大附中第一届省重点中学毕业生的身份，第二志愿幸运地考入了哈工大。家乡的大学，把我想飞的心留在了家乡。至于有多幸运，我慢慢告诉你。

在哈工大本科毕业后，我直接考取了哈工大硕士研究生。研究生毕业后就留校工作了。而一些考到北京的同学，在本科毕业后，多数都回到了哈尔滨，参加工作后，又来考哈工大的研究生，陆陆续续地都成为了我的学弟学妹。

后来，我到莫斯科读博士，我经常在周末去莫斯科大学的同学们那里玩，莫斯科大学的主楼实在是壮观，我对莫大同学们戏称，这是我的公校！众人不解，我说，哈工大是母校，莫大比哈工大大一圈，所以是我的公校。据说，哈工大主楼设计师邓林翰先生参考了莫大主楼的建筑风格。其实，哈工大何止是建筑风格上有

我和爱人在莫斯科大学主楼前

哈工大主楼

苏联建筑风格的影子，苏联外教对哈工大的教学模式等方面都有诸多影响。我在留校参加工作后，参加过一个由哈工大和俄罗斯鲍曼工学院（现在已经改称鲍曼莫斯科国立技术大学）联合举办的宇航技术国际研讨会，会上，哈工大的老教授们做学术报告都是自己用中俄文两种语言讲解——当时感觉我们学校的老教授们简直就是神一样的存在。

离开学校后，在工作中我才真正体会到，哈工大何止是一座大学，它就是一座人生航程中远远屹立于高山之巅的灯塔，是生活中的航标灯。

与导师张舒勃在主楼前合影

在哈工大的岁月里，我除了学习和工作，还参加了一些社会活动。

参加了研究生总会的工作，在团委的支持下，带领同事们去报社学习，创办了《浪潮》报，继续编辑出版了哈工大云帆诗社的不定期诗刊《云帆》。

在俄罗斯读博期间，我发表了3篇论文，在实验室里搭建了一个共轭零件临界摩擦分离试验台，设计和搭建速度令教研室和我的副导深感惊诧，最后的实验成果让导师非常满意，也让我顺利完成学业，拿到了博士学位。在莫斯科人汽车厂实习的两个月中,我与总工程师成了无话不谈的好朋友。这个开始对我非常傲慢的人,后来对我如此亲切,除了我导师的个人关系,更多的因素是因为我这个哈工大的毕业生,方方面面让他觉得还可以。

来到了俄罗斯,我与8081、8083的同学们一直保持着密切的联系。每逢聚会,这两个班的同学一定会举行一次足球比赛。在互有胜负的嘲笑中体现着亲情,批评中展现着激励。我有很多同学微信群:小学的,初中的,高中的,大学的,研究生的,留学生的。这些群里,大学群具有一个鲜明特点:这是一个积极、健康、向上的精神动力群。群中的同学们踊跃参加各种马拉松赛事;比试长跑纪录;交流长跑心得和相关保健知识;每一天都在人生道路上迈出崭新的步伐。这个优秀的集体,使哈工大在我心目中,变得更加完美,更加

莫斯科大学主楼

难以忘怀⋯⋯

在俄罗斯的工作中,让知识在真刀真枪的实践中应用,你才能真正证明你的价值。每当遇到困难的时候,我总会想到我的同学们,他们都很出色,他们都在努力着,我更需要努力才可以。

在空闲下来的时候,我会扬起头来,看向遥远的母校。哈工大,你不仅仅是一所中国北方优秀的高等学府,你不仅仅是我曾经学习生活过工作过的地方。你,就是灯塔,你,就是我人生中的航标灯⋯⋯

2015年,带11岁的儿子参观哈工大

2020年6月7日这一天,莫斯科的天空格外晴朗。我走出家门,在楼区的空中花园里跑步庆祝母校百年华诞!希望这是我生命中一个新起点,让不爱跑步的我行动起来。

大学生活是一个人一生中最难以忘怀的美好时光。从入学至今已有40年了,许多事情都忘记了,记住的才能够叫作"教育",记住的才能够叫作"回忆"。零零散散地把记忆中的小片段写下来,聊以表达对我们8081、8083这个奇妙集体的感激之情和对母校的祝福。

(一)雨伞和流浪儿

应该是大二的时候,一个微雨漫飘的周四,我去主楼大教室自习,把雨伞丢了,心里非常懊恼。因为在当时的物质条件下,一把崭新的雨伞也算是固定资产的一部分吧。学习之余,坏心情挥之不去,于是我决定星期天去买一把新的雨伞。

约了长滨陪我,我们一起坐车去了道里的哈一百。几经挑选,买了一把有绅士感的长杆黑色雨伞。出来后我们走进一家小餐馆改善伙食。青春年少的时光里,眼大肚子小。要了四盘饺子,我们两个人使劲吃,还是剩了不少。想着带回去还能给同学解解馋,就决定打包带走。可是我们没有可以打包的工具。灵机一动,取下塑料雨伞套,把小头打结系死,把剩的饺子装进去,刚好装满。我左手一把黑色雨伞,右手一袋饺子,当时觉得好像秦琼。没有再坐车,我们步行回学校。路过霁虹桥时,对铸铁的桥栏杆还进行了一番评论。对其艺术造型、欧式风格,海阔天空地给予了打分。如今我在俄罗斯居住了近30年,才更加体会到,当年苏俄文化对哈尔滨产生了多么深刻的影响。刚来俄罗斯不久时,俄罗斯人常问我从哪里来的,我总是自豪地说,哈尔滨!

走到哈尔滨火车站广场时,一个小男孩引起了我们的兴趣。他蓬头垢面但思维敏捷,有问必答。他告诉我们,他爸爸妈妈离婚了,他和妹妹与爸爸一起过活。后来爸爸又结婚了,又生了个妹妹,对他和妹妹越来越不好。一次挨打后,他就跑出来了。我们逗他说,给你饺子吃吧。他摇头,说只要钱。聊多了,他告诉我们一天可以要一元多钱,买面包吃足够了。有时候也会要不到,特别是天气不好的时候。我们突发奇想,决定带他回宿舍！于是我们仨出发了。

可能是新奇吧，他才肯跟我们走，也可能是我们胸前都别着白底红字的校徽：哈尔滨工业大学。

在4089的宿舍里，同学们听说来了一个小流浪儿，都过来看这个孩子。可能是人多了，他有点抗拒。我们带他去工大浴池洗澡，然后去理发。他谢过了我们，又一个人匆匆离开了。多年以后，我回想起来，其实我们无法去体会他的内心世界。他已经习惯了一个他自己构建的生存环境，白天在火车站里乞讨，晚上在电影院里睡觉。而我们的善举无法解决他所面临的生活考验，我们也无法把善举持续下去。他的离开，对当时的我们是有点遗憾的，但这个结局也应该是我们都回归自己生活的正常运行轨道的必然吧。假设他留下来的话，我和长滨会拿出一些精力来照顾他，但是能长久吗？他感觉自由吗？火车站里，他是自由的。

带回去的饺子谁吃了？我不记得了，有机会问一下长滨吧。

流浪儿的出现，至少说明了几个问题：1.长滨和我是善良的（我自己捂嘴笑一下哈）；2.我们那时候是冲动的；3.我们解决问题的能力是有限的；4.家庭的和睦稳定，会极大地减少社会问题。

雨伞买了，但后来没怎么用过，最后雨伞去哪儿了也不记得了。但是，当时它的作用是明显的，我不再为丢失雨伞而烦心了。青春年少，是不是有一个标签叫心智不成熟？这个标签可能一直都贴在我身上吧。

感谢长滨六弟当年陪我去哈一百！这是阳光明媚的青春岁月里的一页，无论后来怎样翻篇，这一页一直都在。

（二）10个茶蛋和"耍赖"

光阴荏苒，岁月如梭。大学生活中的快乐和困窘、收获与缺失、经验和教训，虽历经时间洗礼却依然如昨。这，就是人生的历练吧。

记得我们刚刚从二宿舍搬到一宿舍，1982年的世界杯开始了。一路厮杀，最后剩下了西德（那时候东西德还是分开的）和意大利进行决赛。冠军是谁，两天后见分晓。睡前谈几分钟，是1002的生活方式之一。讨论世界杯赛事，再自然不过了。这时候海平说，谁敢与我打赌？我赌西德赢！大家笑而沉默着。因为按当时的情况判断，西德的胜算很大。我接过话头说："我敢！那我只能赌意大利赢了！"大家都笑了。

海平说赌10个茶蛋，我说好！大家都很高兴。按当时的经济情况，晚自习回来买一个茶蛋吃，还是小小的奢侈呢。10人一个宿舍，一人一个茶蛋，挺不错。

那天晚自习我回来得比较早，寝室里除了海平还有两个人。我一进来，海平说，你输了！西德赢了，你该请客了！其实我已经忘了这件事情了，所以也没怎么关注世界杯的决赛结果。他一说，我才想起来打赌的事情。然后"精彩"的部分来了。海平坏笑着，看着我。我也笑着，开始"耍赖"。我说，反正那是你先挑的，我也不能选和你一样的对吧！他们都看着我笑。我虽然嘴上那么说，但还是放下书包拿了钱，向外走。这时候海平说，老大你回来，我输了，你赢了！是意大利队赢了，我请客。海平等大家都回来了，去买了热乎乎香喷喷的10个茶蛋，每人一个，大家都很高兴。

这件事情发生后，没有人再提起，后回来的人可能也不知道我与海平的对话。但是我自己却反省了好久。

承诺是一种责任，承诺了就要勇敢地承担。兑现承诺前，闪烁其词，讲各种理由，这是不应该的！在后来的人生中，这件小事情给了我诸多的勇气和坚定。

  每一个人的成功都不是偶然的。像海平、长滨、海林等我们两个班的同学，他们在生活里的许多瞬间都表现得很优秀很突出。从他们身上，我学习到了很多东西，这可能是大学四年里我最重要的收获吧！

  人成各，今非昨。山河在，锦书欲笺，情意难托！

  母校、大学同学，我一生中永远的记忆和亲情！

2020 年 7 月 5 日于莫斯科

结缘哈工大 筑梦马拉松

孔令安

校刊文摘

在哈工大读书时，我成为《哈尔滨工大》的通讯员，有幸记录下学习生活中的点点滴滴。

（一）

1980年9月4日《哈尔滨工大》总第948期，头版头条刊登了《我校隆重举行1980—1981年开学典礼》。

"九月一日上午，我校隆重举行1980—1981学年开学典礼，来自全国二十四个省市自治区的研究生、全日制大学生、夜大学生和进修生以及电视大学生怀着喜悦的心情参加了开学式。"

党委副书记、副校长刘仲甫在开学式上讲话，着重谈了扬长避短和发挥优势的内容：

一是最主要、最根本优势在于建设了有1 380名年富力强的又红又专的教师队伍，其中教授、副教授245名（包括1980年5月15日《哈尔滨工大》总第936期头版头条刊登的《我校提升114名副教授副研究员和高级工程师》——摘编者注）、讲师700多名、青年教师300名，平均年龄45岁（55岁以上占3%，35～55岁占75%，35岁以下占22%），共产党员占47%。实验课教学队伍300多人，其中高级工程师4人、副研究员2人、工程师98人、助理研究员8人。

二是最宝贵优势在于建设了一支从事多年学校党政工作、懂得办学规律、具有较丰富管理经验的干部队伍，其中50%接受了大学教育，处级干部138人中大学文化程度占60.9%，科级干部137人中大学文化程度占26.2%。

三是积累了较丰富的教学经验，建立了一套比较切合实际的规章制度，形成了一个治学严谨、密切联系实际、钻研业务、虚心好学、奋发进取、重视协作的优良传统和作风（当时没有"规格严格，功夫到家"校训——摘编者注释）。

四是学科门类齐全，专业成龙配套。一些老专业经过几十年的教学实践和学术交流活动，在全国学科内一直走在前列，是带动整个学校前进的先锋力量。

五是国外学术交流由毫无联系到与日本、美国、加拿大、澳大利亚、西德的高等院校和科技界建立友好关系，近两年有80余名外国学者来校交流，派出30余人到国外访问，30余人正在国外进修。

六是经过整顿恢复，尽管设备比较陈旧落后，但拥有可以满足一般教学、

科研的基地和物资条件。

对新同学的几点要求：1. 树立学习好的坚强信心；2. 人人争当德智体"三好"学生；3. 提倡独立思考、主动钻研，加强自学能力；4. 同学之间团结互助，师生之间尊师爱生；5. 遵守校纪校规；6. 继承和发扬哈工大师生吃苦耐劳、艰苦朴素、热爱劳动的优良传统。

（二）

1980年9月4日《哈尔滨工大》总第948期，第四版刊登了《迎新花絮》。

"全校师生满怀盛情接待了八零级新同学，校园内到处充满了革命大家庭的温暖气氛，这里记下的是迎新工作中的几件小事。"其中一件是"胜似亲人"：

"在八系同学中，到处传颂着系办公室张俊才关心新同学的美德，这位年纪已经五十二岁的老同志不分白天黑夜，经常出现在同学中间，几位从南方来的同学行李未到她亲自安排到招待所，同学有病她亲自安排到医院，粮票未到的同学她帮助借，不适应学校生活的同学她三番五次去做思想工作，哪位同学带的行李少哪位同学家庭经济困难她都了如指掌，她高度的责任心和深厚的情感使同学们深受感动，真是远隔千里、胜似亲人。"

（三）

1981年10月29日《哈尔滨工大》总第996期，第二版头条刊登了《忘我工作的人》。这是我作为"本刊通讯员"，受班领导委托编写的一个小稿件，表扬担任八系8081班理论力学课程的王士忠老师，他身患重病，还坚持授课，深深感动了全体同学。

王老师经医院检查发现心律不正常,医生要求住院治疗,可是他首先想到的不是自己的病情而是同学们的课程,坚持继续授课,在医院方面再

三催促下,他住进医院并被确诊为神经衰弱性心脏病。为了让王老师得到较好休息,学校临时把8081班的理论力学课程与其他班级合并,但是,王老师坚持继续代课,他忘我工作的精神使同学们油然而生敬意。平时,王老师和同学们相处十分融洽,经常勉励同学们重视基础理论学习,经常传授理论力学新的学习方法,经常亲自把批改好的作业或考试题送到学生宿舍,课余时间还经常和同学们一起开展体育活动(记得在主楼后面的场地排球——摘编者注)。王老师的事迹鼓舞着8081班全体同学勤奋学习,永攀高峰。

《哈尔滨工大》编辑说,本版编发的"建设社会主义精神文明"组稿,反映了广大师生员工和干部在"五讲""四美""三热爱"教育活动中呈现的崭新风貌。

哈尔滨工业大学研究生会宣传部

(四)

1985年初,哈工大研究生会宣传部主办的《研究生时代》创刊号问世,编委

会说这本刊物以反映哈工大研究生学习和生活为主，是研究生交流思想的窗口、学习思考的园地、与导师和院校领导沟通的桥梁、与兄弟院校研究生连接的纽带。

哈工大研究生院院长黄文虎教授致《发刊词》，哈工大教务长李家宝教授作为导师代表发表《对研究生培养的几点看法》，原八系8083班姚英学同学是《研究生时代》副主编，他撰写了《八系八一级研究生答辩情况的调查》，并和原八系8083班顾荣荣同学分别介绍了哈工大的英文简介及英语教学情况。我是《研究生时代》受邀执行编委，合作撰写了《工程技术与经济论证的探索》。

另据《研究生时代》报道，国务院批准了哈工大12个有权授予博士学位的学科、专业及14名博士生导师。

（五）

1987年5月《哈尔滨工业大学学报》增刊（机器人专辑），集中报道了哈工大机器人研究和开发中心自1986年1月成立以来的部分研究成果，其中，发表了我和导师彭瑞玲教授及课题组熊焰同学完成的《中国工业机器人产业形成条件及对策》调查报告。这篇文章以1986年在全国十几个部门

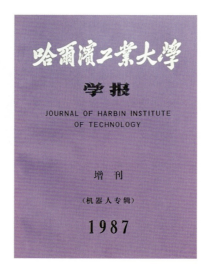

近三十个单位进行的调查为依据,回顾和展望了我国工业机器人发展的历史、现状和投资前景,着重从十一个方面总结了我国工业机器人产业形成的条件和存在的差距,并阐述了十点对策。

这期《哈尔滨工业大学学报》增刊(机器人专辑)还刊登了原八系8083班康继忠同学与导师蔡鹤皋教授和课题组同学撰写的《机器人二维自动仿形控制的研究》、原八系8083班李志杰同学课题组撰写的《弧焊机器人焊枪摆动运动插补研究》。

2 / 爱跑马
感悟人生哲理

结缘哈工大

筑梦马拉松

王长滨

奔跑的人生

一、我的运动经历

我是1980年考入哈工大机械工程系的,也就是原来的八系。全系当时只有两个专业,81专业和83专业,所以两个班的班号就是8081和8083。从此,一个出生在黑土地西北小镇的17岁少年,奔赴省城,开启了自己求学、探索外面世界的人生之路。

在哈工大读书的七年,不仅仅让我学到了理工科的专业知识,还让我开拓了视野、增长了见识。我徜徉在知识的海洋里,就像久旱逢甘霖。同时,我奔跑、挥汗于学校的运动场、体育

1980年刚入学,全班同学合影

馆里，积极参与体育锻炼，如足球、篮球、排球、游泳、滑冰等等，运动不仅增强了我的体质，也带给我太多的快乐。这里讲一个小故事，至今回忆起来还是蛮可笑的。记得20世纪80年代初期，健美运动刚刚在国内兴起，我和海林等几个同学就订了一本健美杂志，到学校体育馆里边学边练，哑铃、杠铃、俯卧撑、仰卧起坐……可谓挥汗如雨。功夫不负有心人，经过几个月的训练，我们自己感觉有点模样了，就请家在哈尔滨的同学帮忙，从家里拿了一些豆油涂在身上（好像应该涂橄榄油，但那时候没钱，并且在哈尔滨也不一定能买到），当时觉得很时髦也挺有成就感的。只是当时没有照相机，未能留下这珍贵又搞笑的记忆，至今觉得遗憾。

在各项运动中做得最多、坚持得最好的一项运动还是跑步。那时候跑步的同学和老师特别多，尤其是早上，体育场的跑道上排满了人，几乎没有间隙，远远看上去像一个环在转动。特别是冬天的哈尔滨，非常寒冷，天亮得又晚，每个跑步的人的哈气交融在一起，悬浮在这个环的上方，回忆起来真是一幅难得一见的画面。当年的哈工大体育场不如现在的好，跑道是用炉灰渣子铺的土跑道，人多的时候跑起来尘土多，加上哈尔滨冬季供暖烧煤造成的空气污染也很严重，几圈下来鼻子里就是黑的，但那时候没有什么雾霾的概念，就是为了锻炼身体。在这种氛围影响下，班里绝大多数同学加入晨跑，少则三五圈，多至六七圈，跑完后回宿舍洗漱再去上课，跑步锻炼的好习惯就这样养成了。我至今仍清晰地记得，当年哈工大体育场的围墙上用白灰写着很大的几个字："为革命健康工作五十年"。当时我算了一下，从17岁开始读大学本科，读完硕士就已经24岁，那我们至少得要工作到74岁，将来如果没有健康的身体来保障，是不容易做到的，所以自己就有了一定要把身体锻炼好这个理念，而且这个念头根深蒂固。

我1987年毕业分配到北京，在航天部第二研究院所属的第二十三研究所工作。这期间锻炼身体的方式改为踢足球，我曾担任所足球队长，每周和院里其他研究所比赛。三年后，我离开航天部，下海到北京外企，主要的锻炼方式还是足球，看到绿茵球场我就非常兴奋，特别喜欢足球那种对抗、冲撞和进球的感觉。2001年，我开始创业，组建了自己公司的足球队，也几乎每周都有比赛或训练，一直坚持锻炼身体。

永远爱足球的哥仨

但是随着年龄的增长，特别是在2005年的一场比赛中，因为腿骨折养了半年伤，意识到自己不太适合踢足球了，后改打网球、羽毛球。

二、从挑战戈壁到赛道跑马

自己创业后，随着公司的发展，越来越感觉到在管理、金融、财务等许多方面，尤其是在公司管理经验上，已明显感觉不足和匮乏，所以在2010年我决定到北京大学光华管理学院读两年EMBA，为自己充充电。

在北大光华期间，接触到了中国商学院戈壁挑战赛，这是目前国内包括亚太地区的商学院很重要的一项挑战活动。第一届从2006年开始，最初只有北大、清华等五六所院校参加，到我2011年参加时已是第六届，差不多有近二十所大学参赛。活动初期的构想是重走玄奘之路，也就是走当年唐僧西天取经的路线，以弘扬玄奘坚毅不拔、为了理想和信念不怕万难、勇于坚持到底的精神，这项挑战赛每年五月份在甘肃敦煌附近的瓜州举办。本以为自己多年来一直坚持锻炼，体质很好，

痛并快乐着的"戈6"

心想无非是在沙漠里走四天，所以就没有做系统的训练和心理准备。记得只是临出征前才训练了一次，双肩包里背上两块砖头、两瓶水，下午两点多从家出发在北京的四五环上走到晚八点才回家，到家后脚上起了好多泡，有些已经磨破。正式参赛时到了瓜州，四天的时间，我在烈日炎炎的戈壁滩上，艰难完成了120公里的挑战后，才深深地意识和感受到赛事的难度，体会到赛事的意义，还有令人难忘的收获。

在参加戈壁挑战赛期间我结识了一位中国思科的高管，也是北大光华的校友，他说他要参加北京2011年的马拉松，而且已经报了名。原来听说过也见过北京马拉松的比赛，但从没想过自己去参与。戈壁赛后我觉得自己在体能、耐力和毅力上还非常欠缺，所以就毅然决定报名参加当年的北京马拉松（半马），这也是我第一次参加马拉松比赛，同时报名的还有我的同学海林，他专程从哈尔滨来北京参赛。但是我们完全没有经验，没有准备能量补给，不知道中间如何补水，也不懂配速如何掌握，所以我们跑

得都非常辛苦，成绩也不好，比赛结束后下楼梯都费劲。这才真正意识到没有科学的训练、不掌握相关知识一定会走弯路。同时也萌生一定要挑战全马的念头，尽管知道会更痛苦，但自从戈壁挑战赛后，自己已经开始喜欢那种痛并快乐的感觉。

在完成2011年北京半马后，我就买了一本有关马拉松的书，开始学习如何科学训练、保护自己、避免受伤。后来在北京，参与马拉松赛的朋友越来越多，得以跟一些高水平的跑友请教学习，甚至有时跟他们一起参加训练，不断积累自己的能力和经验。从2011年到2020年，坚持了九年，也跑过了国内国外几十场马拉松，平时虽然每年、每月的跑量不一样，但这些年都没中断过。

海参崴马拉松

三、从一人独跑到众人同乐

后来想到，这个运动很好，给我带来很多益处，那我是不是可以推荐给我的同学朋友，特别是我的大学同学，希望他们也能跑起来。那时候我自己私下定了一个小目标，就是希望通过我的影响和带动，能够让我的100个朋友或者同学开始跑马拉松。我们两个班50位同学，到目前为止，一直在坚持跑马拉松的同学已经有十三四位。这是一项大家都喜欢而且已经上瘾的运动，能够带来很大的愉悦。三天不跑，自己就不舒服。快60岁的人了，为了配速提高十几秒就要付出训练几十公里甚至几百公里的代价，虽

青山在，人未老，同学情正浓；岁月增，水长流，情怀依旧深

然很辛苦，但大家都很开心。应该说这些年，我们通过坚持跑马拉松，明显地感觉到身体素质更好了，体检的指标也好了。举个例子，一位在国外的同学，原本血糖高，后来他也受到我们的影响开始跑步，跑了几个月以后，血糖指标得到很大改善。他的私人医生问他是否用了新的治疗方案和治疗方法，或者最近的生活习惯有哪些重大变化，他说都没有，但很快想起来说最近几个月在练长跑。这是一个很典型的例子。当然，跑步还能改善一些同学的脂肪肝、啤酒肚，这样的例子就更多了。到目前为止，我没有严格地去统计究竟有没有影响到100位朋友，

与同学一起参加家乡的山地马拉松

我想即便不足100人，八九十位也许有了。有这么多朋友，因为我的一点点建议和影响，身体状况得到改善，跑得开心、愉悦，这让我感到很欣慰。

我们这两个班相处得几乎跟一个班一样，得益于我们有两位好班长。毕业30多年以来，

与海林共同完赛伦敦马拉松

我们有四五次两个班一起的大聚会，同学们来自国内国外、五湖四海，这样的聚会其实是很不容易做到的。

四、我的六大满贯经历

马拉松的历史已经有一百多年了。第一届城市马拉松是美国的波士顿在1896年首届奥运会后的第二年即1897年举办的，是世界上历史最悠久的马拉松赛，波马应该说是马拉松之冠了。波士顿马拉松的门槛很高，以我这样的年纪，好像对应的标准是330、335这样的成绩，业余跑者很难达到。

这些年中国的马拉松运动发展很快。2011年我参加第一次北京马拉松的时候，当时全国的马拉松赛事也不过几十场，而美国作为世界运动王国，每年的马拉松比赛已经有1 100多场，日

参加2017年波士顿马拉松

本每年也有几百场。现在我们高兴地看到，2019年中国的马拉松赛事已经突破1 500场，从2011年到2019年，八九年的时间，中国的马拉松场次增加了多少倍！这是个非常好的事情，不仅带动了全民健身运动，也为很多城市扩大了宣传，有一句话就说：马拉松是一个城市的名片。

说回六大满贯。世界马拉松协会有一个六大满贯联盟，包括美国的波士顿、纽约和芝加哥，欧洲的伦敦和柏林，亚洲的东京。六大满贯联盟对参赛选手有数据统计，包括选手每次的成绩、完成时间等等。当选手完成最后一个比赛时，它会在终点设单独通道颁奖牌、拍照，并将选手的名字记入大满贯联盟名单，然后在每次马拉松博览会六大满贯的宣传墙上，会有每位完成六大满贯选手的名字。所以说每个热爱马拉松的跑友，他的最大梦想之一就是希望有一天能够完成六大满贯。我是用了三年的时间完成的，2016年跑的东京和纽约，2017年跑的波士顿和柏林，2018年跑的伦敦和芝加哥。

再分享一下我参加六大满贯赛事的

参加2016年东京马拉松

参加柏林马拉松

感受。每年全世界的马拉松都有几千场,从这么多马拉松里只选出六个赛事,说明每个都举办得非常成功、有特点。观众的热情、赛道的布置,整个比赛流程包括安检、补给都做得非常好,的确值得我们学习。每场赛事我都历历在目。举个小例子,我们现在办的马拉松,在补给站都是用一次性杯子,拿瓶装水往里倒,人多的时候一次性杯子没了工作人员就直接给瓶装水,这样非常浪费,而且效率很低,因为没有人会喝一整瓶水,都是喝一口就丢掉。东京马拉松做法就很好,他们用纸板搭了若干层纸杯架,上面一层拿完移开纸板进入第二层、第三层,效率高且节约;同时,纸杯在赛道上的清理非常快,选手几乎踩不到,也不会滑倒。不像我们的赛道,只要过补给站,到处都是纸杯、降温用的海绵等。再比如柏林,号称世界最快赛道,到目前为止世界前十

与同学们一起参加芝加哥马拉松,至此,我完成六大满贯

位的马拉松最好成绩,有近一半是在柏林创造的。柏林马拉松我是做了充分的准备,努力跑进了四小时。

我最想说的还是波士顿马拉松。大家知道在2013年,波士顿马拉松正在举行时,在终点发生了恐怖爆炸事件。当时有3人死于这场爆炸,现场

参观波马总部

非常混乱，比赛也被迫终止。波士顿已经举办了100多年马拉松赛事，当然不会因为这次爆炸就停止。2014年继续举办。所以我们跑马拉松的人都认为波士顿是座英雄的城市，每年在波士顿马拉松的终点附近会有很多当地的人和参赛选手献花，以纪念和缅怀2013年的波马，同时也为了力挺波士顿。那种栽着黄花的花盆，在终点附近，无论是饭馆、咖啡馆，还是马路边，都有很多很多。当然，波士顿马拉松组委会也吸取了教训，像我去参赛的那年，他们的安全防卫工作做得非常好。记得在起点区，看到两边建筑物上都有美国军人，进入起点区，安检也很严格。

2018年10月我参加六大满贯最后一个赛事：芝加哥马拉松。之前的训练不太好，虽然跑得很辛苦，但是终于在六大满贯上能够再次跑进四小时。到终点后看了一下表，全程平均心率187，最高心率220，确实太拼了！同时参赛的还有五位同学：柏春、海平、海林、亚彬和张帆，能和老同学们一起参加芝加哥马拉松真的非常开心。

拿到六大满贯真的很兴奋。对即将完成六大满贯最后一项的参赛者，组委会还提前发一个不干胶标识贴在你的后背上，任何一个了解六大满贯的跑者看到这个标识就知道你是正在完成最后一项，所以跑过你身边的人大多会来击掌以表示祝贺，应该说完成六大满贯是每个马拉松跑者的一个非常高的心愿和目标。

五、九年的跑步体会

第一，跑步是一种很好的锻炼方式，而且跑步是所有运动的基础，包括网球、游泳、高尔夫，甚至越野、徒步等运动；跑步是运动之母，一个人能跑步，并且能够坚持，那他就能够保证自己有良好的肌肉力量、体能

徒步西藏

和心肺功能，以及身体的灵活性。

第二，跑步给人带来很大的愉悦。从医学上或从生理上讲，跑步可以产生多巴胺，能够让人兴奋。从运动本身来说，跑步给人带来的成就感、征服感等等，也会给人带来愉悦。

第三，跑步有利于排毒。跑步升高体温，特别是长距离跑，这对身体的排毒很有好处。

第四，跑步是排解压力、放松心情的好方式。每当我自己遇到压力、遇到事业上的瓶颈，包括有些郁闷的时候，我就去跑上10公里、15公里，甚至更长。坦率地讲，跑完后压力一下就卸掉很多，心情也变得比原来愉悦。跑步的时候

与我心目中最伟大的父亲合影

特别有利于思考，这个我感触特别深。跑起步来，我的头脑是最干净、最清醒的，非常专注，没有任何事情打扰我。

第五，通过跑步去影响别人，包括我的家人、同学同事、合作伙伴等等，给他们带来健康、带来愉悦，我感到非常欣慰和高兴。通过参加马拉松比赛，还可以跟朋友、同学聚会、旅游，逐渐形成了健康的生活方式。现在外地的朋友、同学来了，邀请他去奥林匹克公园一起跑步，在终点喝两杯酸奶，

再去吃个饭，这可谓是最高规格的接待。

再给大家分享跑马拉松以来，让我最受感动也最难忘的一个真实的故事。将来大家要去跑波士顿马拉松的话，你们在起点一定会看到一座铜像，这座铜像是为一对叫霍伊特的父子立的。老霍伊特有个儿子，出生就是脑瘫，不能说话，完全卧床。老霍伊特想带着孩子

波马起点为霍伊特父子立的铜像

出去，只能推车。有一次老父亲带着六七岁的儿子出门观看一个跑步的比赛，看到另外一家的父亲带着残疾的孩子参赛。霍伊特父子看到这场景兴奋得不得了，从那以后，老霍伊特就开始带着他的儿子报名参加马拉松赛，报名的队名就叫 Team Hoyt。几十年来，老霍伊特带着儿子跑了 1 000 场马拉松，真的是太了不起了！2017 年我跑波马的时候，老人家已经七十多岁跑不动了，所以只是象征性地跑了五公里。当时我们住在同一家酒店，我也有幸在咖啡厅遇到了这位伟大的父亲，敬畏之情油然而生。1 000 场马拉松里边有全马，有半马还有铁人三项，铁人三项更难，特别是游泳，他自己游的同时还要拉着一个游泳圈把儿子放在上面。铜像是 2013 年揭幕，并且作为当年波士顿马拉松开幕庆典的一个环节。老霍伊特推着他的儿子跑，而且儿子不断在长大，他又在变老，这个过程是多么不容易啊！真可谓父爱如山。据资料记载，他们父子俩的全马最好的成绩是 2 小时 40 分 47 秒，简直令人难以想象。

最后，发自内心地感谢、感恩母校哈工大的培养和教育，并祝愿母校

越办越好，早日跻身世界一流学府；感谢、感恩在母校相识的这么多位优秀的老同学，祝福你们身体健康、幸福，愿我们今后继续坚持跑步锻炼，友谊长存！

2020 年 6 月 14 日于北京

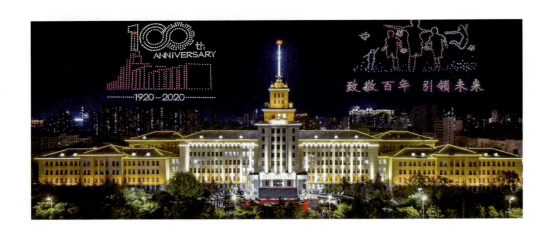

结缘哈工大

筑梦马拉松

孙柏春

跑步随笔

（一）

平时没有养成写作的习惯，现在突然想写点关于跑步的事情，一时不知如何下笔。最容易想到的就是对于一个纯粹的马拉松菜鸟来说，关于如何开始跑步并且如何得以坚持数年，这样的话题是可以说上一两个小时的。但是哪一个菜鸟没有这样的经历和各种故事呢？我相信这类经历和故事可能大都相似，随便百度一下，估计半天看不完。至于说起跑步受伤、克服困难坚持锻炼的励志帖子，那就更数不胜数了。

从 2014 年开始跑步到现在，我已经参加了 22 场正式的马拉松赛事，其中包括 8 场

立凯和我参加 2017 年广州马拉松赛

半程赛事。前段时间偶然发现最新公布的全国最具吸引力的马拉松赛事排行榜中，TOP10 的赛事我竟然参加了 7 个，这个数字好像在 8081 和 8083 班的同学中暂时领先，居然超过了完成马拉松六大满贯赛事的长滨。无意之中拔得头筹，心中不免一丝窃喜。

这些年不断地参赛，每个参赛过程都会有一些特别的感受，但是时间久了，那些相似的感受重复多次反而印象模糊了；相反，记忆中某些看似平淡的场景却格外清晰，让人挥之不去。

2018 年，在长滨的鼓动下，我和几位同学一起参加了一个规模很小、但主要是由专业运动员参加的山地马拉松赛——2018 齐齐哈尔碾子山马拉松赛。这种只有几百人参加的专业赛事，所有选手几乎是同时出发，很快我发现周围只有几位和我们一样的业余选手。尽管赛道就是山间狭窄的土路，但是完全不用担心像其他大型城市马拉松赛的前 5~10 公里那样拥挤。这种赛事，无论你水平高低都不会因为赛道拥挤影响成绩。

就像以往参加全程赛事一样，30 公里以后我已经筋疲力尽，开启了走跑交替的模式。这时已是烈日当头的中午，虽然赛道上有很多补水站，可我总觉得口渴难耐。就在此时，赛道进入一个小村庄，村口有一户人家的门前放着一张桌子，上面有一个水壶和三只大碗，每只碗里都有半碗茶水。我相信这一定是热情的村民给参赛选手准备的私补，于是端起一碗一饮而尽，全然不顾这碗可能被前面多少选手使用过了。随着这碗温润的茶水贯穿肺腑，那种透彻解渴的感觉实在美妙。说了一句谢谢后重回赛道，感觉体能有所恢复便加快脚步又跑了起来。前面不远处有几位老农坐在树荫下看着稀稀拉拉的选手通过。见路边有人我自然要努力展现出跑步的样子，经过树下时，就听到一位老农对我说："快点跑哇！"那语气与其说是加油，不如说是埋怨，因此让我感觉十分意外。我想，也许我们的赛事干扰了村民当天的日常生活。不知为什么，这个短暂瞬间竟变成了我这几年来感受

孙柏春

立凯、海林、长滨和我

最深刻的赛道"加油"。它在我脑海中竟然比柏林马拉松和芝加哥马拉松那样几乎持续全程的夹道呐喊、助威的情景还要清晰。此刻,忽然想起看过的一段视频,路边的观众对赛道上行走的选手怒吼:"快点跑!不行就别报名,中签多不容易呀,这不是浪费名额吗?"其实我就是那种跑不动就走的参赛者,而这么看来,给我加油的那个老农却是一位很厚道的观众。

(二)

这些年来,跑步已经成为我日常生活中一项固定的活动,即便是出差期间也要努力保持跑步的频率。每次出差前,我总要关注一下目的地的天气,抽空研究当地的城市地图,看看哪里有适合跑步的线路。如果能在陌生的城市找到适合跑步的地点和线路，我甚至要为此改变住宿的酒店，即使这种改变可能带来其他方面的一些不便也在所不惜。没有跑步习惯的人可能无法理解这种行为，但我一直觉得这样做是值得的。

由于跑步的时间通常会安排在早晨或傍晚，因此，当我在一个陌生的城市跑步时，常常会看到一般游客看不到的景象，跑步过程中也会有很多意外的发现：可能跑过外地人很少经过的街区，也可能路过行程中不包含的游览景点，偶尔会看到一些让人疑惑的、有待日后释疑的现象，也可能遇到一些看起来很特别的人，这一切都让我觉得有不少额外的收获。

我曾有过这样的想法，以后每到一个陌生的城市都要留下自己跑步的足迹，但几年下来却发现要做到这样并不容易。让人感慨的是在有些地方的跑步经历，虽然当时没有觉得如何特别，但事后却意识到那一次跑过的线路，也许此生没有机会再跑第二次了。所以，每每想起那次跑步，就会觉得当时的经历弥足珍贵。

2015年10月中旬，结束了在意大利米兰的工业展览会，我随主办单位参加了短暂的意、法、瑞三国走马观花式的旅游。13日早晨乘大巴从法国尼斯出发，途经马赛做短暂游览，然后继续向北穿越盛产葡萄酒的普罗旺斯地区，直奔法国与瑞士交界的阿尔卑斯山脉深处。途中导游介绍当晚要在夏蒙尼过夜，第二天早晨出发翻越阿尔卑斯山脉进入瑞士。夜色降临时我们抵达夏蒙尼，原来完全不知道这个大山深处的小镇，经过导游的讲解才知道这里不仅是欧洲著名的滑雪圣地，而且是1924年第一届冬季奥运会的举办地。旅游团的全体团员在导游的指挥下，快速吃过晚饭，然后在规定的时间内逛了小镇里为数不多的几个商店。这里的商店大多数销售越野运动服装和冬季滑雪器材，由此能够感受到这里浓郁的运动氛围。

第二天早晨，我要赶在早餐前完成一个纪念性的跑步。10月中旬的大山深处已经有些寒气逼人，将近7点天空才泛出深蓝色的微光，交织成片的云雾把小镇周围的高山完全掩藏起来，只有附近山坡上的巨石和树木在云雾中若隐若现。我们住的酒店位于小镇的边缘，分不清具体方向，我就沿着酒店门前的街道朝一个方向跑起来。一路上没有遇到人，但是那些路边散落的房子里透出的灯光让人感到些许温暖。周围十分寂静，只有路边溪水流淌的哗哗声伴着我的脚步。在这陌生又静谧的环境中跑步，呼吸着清新、潮湿的空气，不免有些陶醉。刚跑出几百米就发现脚下的路即将汇入一条很宽的公路，为了安全立即折返。在朝另一个方向跑过一排房屋时，一阵微风携带着新出炉的面包才有的香甜气味扑面而来，我猜测这里应该有一个面包坊；如果不是酒店提供早餐，我一定会停下脚步，买一个面包尝尝鲜。由于时间有限，我的晨跑只能在一公里以后草草收兵，在"咕咚"APP上保留了跑步数据后算是了却了心愿。

随着跑步时间的增加，我逐渐了解了一些越野赛事的情况，特别是知道了世界范围内最著名的UTMB（环勃朗峰山地越野赛）的起点和终点就在法国的夏蒙尼。尤其是最近两年中国选

加拿大长跑名宿、Running Room创始人John Stanton在2017年温哥华马拉松赛终点为我颁发完赛奖牌

手在UTMB赛事中连创佳绩，让我们有机会看到很多运动员在起点出发和终点冲线的视频，自然我也看到了那个曾经邂逅几个小时的小镇。一想起自己曾在那个著名的地方也留下过跑步的足迹，一丝惬意掠过心头。常常自问，何时能再到那个小镇奔跑一次？

（三）

每个人都有不同的社交圈子，长期跑步的人往往会有一个跑步的朋友圈。在这个独特的跑友圈里可能有长期交往的知己，但更多的人通常是除了跑步以外彼此相知甚少。尽管如此，你却能够不断从跑友中获得激励，因为他们中可能有很多和你一样的菜鸟，也可能有几位大神级的长跑精英。这些人的故事让你感觉就发生在你周围，所以会潜移默化地感染你、鼓励你像他们一样去探索自己的潜能，伴随你在长跑的路上重新认识自己。

2017年9月24日柏林马拉松赛，出发前我按惯例准备赛前的排空。在排队等待入厕的时候，看到一位貌似中国人的跑者走到我身后排队，我便直接用中文和他打招呼。果然，他是一位来自无锡的跑者。简单交流后得知这位徐先生年龄比我大，但是起跑出发区却比我靠前两个区位，说明他实力不凡。徐先生的手机设置有些问题，导致"咕咚"APP不能正常使用，恰好我刚刚解决过这个问题。于是，我就帮他修改了手机设置，使"咕咚"APP可以正常使用。顺便我们互相加了微信，然后分别进入自己的出发区准备起跑。

柏林马拉松赛以六大满贯最快的赛道著称，最近几

2017年柏林马拉松赛

年，非洲选手不断在这条赛道上刷新马拉松赛最好成绩。初次参加世界六大满贯赛事，兴奋是很自然的，但是兴奋并不能替代实力。25公里以后我训练不足的状态暴露无遗，不得不进入走跑交替的后撞墙模式。柏林的赛道全程在市区，赛道两侧永远有密集的观众呐喊助威，气氛热烈程度超过目前国内所有的赛事。特别是终点前的二百米处，所有选手都要通过柏林地标勃兰登堡门，这时赛道两侧观众震耳欲聋的呐喊和无数的相机、手机的拍照，让你瞬间感觉自己正在接受冠军冲线的礼遇。但是，如果终点近在咫尺，而且是万众瞩目的情况还必须停下来走几步，才能积蓄最后一丝气力跑完剩下的几十米，那真是在用行动诠释为什么说马拉松是一种极限运动，同时也在用行动表达什么叫精疲力竭——在这方面，我做得很好。

通过终点，领取奖牌，找人拍照，然后我挪着步子找到一处台阶艰难地坐下。拿出手机向家人报平安时发现了徐先生的微信，问我完赛了没有。我回复："4小时47分完赛,您怎么样？"徐先生说他已经回到酒店，洗过澡，休息一个多小时了。由于脚伤没有痊愈，不敢发力，3小时19分完赛！此刻，我明白我遇到了一位大神。

随后的两年，我和徐先生在微信上一直保持联系，经常请教一些跑步方面的问题。徐先生也经常把他参加的重要马拉松赛事获得的个人最好成绩分享给我。2019年我还和徐先生同时参加了厦门马拉松赛和无锡马拉松赛，我们有机会再次见面。徐先生给我讲述了他参加2018年波士顿马拉松赛的情况，那届赛事遭遇历史上的极端寒冷的阴雨天气，徐先生以3小时24分的成绩完赛，并且获得了年龄组前二十名的荣誉T恤。徐先生说他到达终点后由于身体失温，被迫坐轮椅离开终点。这情景让我明白了大神也是人，但是大神不是一般人！

今年著名跑马媒体"知行合逸"发文通报,2019年中国马拉松参赛选手按性别、年龄分组在世界排名有大幅度提高;其中,徐先生以2小时57分的成绩位列世界男子60~65岁年龄组第二名,这是中国马拉松选手的最高排名!我很高兴有徐先生这样的精英跑友。其实,因为跑马我还认识了其他几位成绩也相当出色的跑友,这些跑友每个人的经历都可以写就一部感人的励志传记。与这些优秀的人在一起,想不优秀都难。虽然我还不算优秀,但我有希望。

2020年6月于哈尔滨

结缘哈工大

筑梦马拉松

金海平

人生马拉松里的马拉松

人生有点像马拉松,大家的起点和终点是一样的。但是每个人在跑的过程中,看到的、经历的、感受和体会到的都会不一样,当然每个人的速度、节奏和到达时间也会不一样。也一定会有我们不可控的因素,春有百花秋有月,夏有凉风冬有雪。有冷有热,有阳光明媚,有大雨瓢泼,这些都会给我们增添不少乐趣,甚至挑战。当然,也有更严重的,像这次疫情,让很多马拉松赛夭折了。我原来计划和海林、长滨去跑东京马拉松,也被推迟到明年了。

不过我的人生马拉松到现在还是很幸运的。在我 16 岁的时候,我跑到了我人生马拉松的第二个补给站哈工大,碰到了一群来自五湖四海的朋友。我们结伴而行,成了一生的朋友,一起谱写了我们丰富多彩的人生。这次哈工大百年校庆期间,看到很多同学的美文,受到很多启发。我也把我的一些经历、感悟分享给大家——我不能只享受不贡献吧!希望我的分享能让大家在茶余饭后,多喝几杯茶、多几次微笑、多几次点头或摇头、多几分欣慰。

跑步缘起

我小时候就跑步,也不是因为特别喜欢,而是比较自律。目的相当明确,就是为锻炼身体。我现在感觉我就是懂事较早的那种孩子。从小学到高中,记忆中（也在老化之中，不对信息准确度负责）是一直坚持每天晨跑——从我家跑到小镇的西大河边，到河边洗个脸后活动活动再回家。有时候，在沙滩上练短跑或跳远。碰巧还能看见火车从桥上开过。有时火车司机会向外探头看我，我就向他挥手，他也向我挥手，甚至鸣笛回应，让我激动不已，跑回家的路上都不觉得累了。那时河水非常干净，还有鱼。

现在有时间我也会回到河边走走，一是去祭拜我的父母（骨灰都撒在这河里），二是回忆童年的美好时光，回忆初心，汲取母亲河的营养。可以说故乡的西大河是我人生马拉松里第一个补给站。

上大学以后仍然坚持晨跑，经常是早上出去跑步，回来洗漱，然后去食堂。后来又开始踢足球。大学毕业以后，特别是来到美国结婚生子后，跑步就没能很好地坚持了，没有像读书时那么有规律，改为周末踢足球，基本每个周末都踢。

结缘跑马

喝水不忘打井人。我走上跑马之路，主要归功于长滨的鼓励和组织。

我每次到北京出差都尽量安排周初或周末。这样我就可以和长滨及其他在京的同学们，如戴铁成、向树红等周六或周日早上到奥林匹克公园跑步，一般跑10公里，跑完一起去喝豆浆吃油条，重温在哈工大时的旧梦。

长滨为了鼓励我，经常给我买跑步的东西，包括波士顿、纽约马拉松的衣服、短裤等，所以我跑步的衣服蛮多的。还有个挺好玩的插曲，在一次我家旁边山上的夏季音乐会上，我穿着波士顿马拉松的衣服在欣赏音乐会。有一个坐轮椅的人用敬佩和羡慕的眼光看着我，问我是不是跑了波士顿马拉松，说波士顿马拉松很好很有名。我当时说是我同学跑的，不是我跑的。我可以想象他是有点失望了。

还有纽约马拉松，长滨也帮我报上了名。但是由于特殊原因，我没有去成。

王长滨跟海林跑后，他们路过旧金山到我这里来，和我一起与我赞助的球队踢球。踢完球在旧金山附近游玩，把我经常去的地方一起走一遍、吃一遍、喝一遍，让他们也了解老同学一人在外是怎么过日子的。

长滨和海林路过旧金山

受长滨的影响，我虽然对马拉松很恐惧（一直认为那不是常人干的事），但内心还是蠢蠢欲动了。正好2014年7月旧金山马拉松也有半马，我就邀请长滨、海林、赫峰、秀海过来一起跑。很遗憾，海林被拒签而缺席了这盛会。这是我人生的第一个半马。长滨是老手了，一开始和我们跑了几分钟，我和赫峰、秀海都是菜鸟，跟不上，长滨自己扬长而去冲他的PB去了。我和赫峰、秀海一边跑一边照相，一边发微信，互相也都自顾不暇，但

旧金山啦啦队

也真是乐在其中。我很吃惊的是，跑马的啥人都有，五花八门。男女老少，胖的，瘦的，各个种族的都有。看到有些特不像跑步体型的人在我前面跑，我顿时自信心膨胀，心想我怎么也能跑过她吧。怎么说我也是个体育棒子，常年踢球的人啊！我就把她当"兔子"，一直跟。但过一阵，她也没影了。我就换另一个，一直跑，好像永远也跑不完的感觉。好在，路旁加油的热心观众不搞歧视，给所有的人加油。有敲锣打鼓的，有街边击掌的，也是五花八门。

总之，经过艰难跋涉，离终点大概有一公里时候，我又兴奋起来，开始加快步伐，最后一百米像模像样地冲刺，总算在关门前跑到了终点，用时2小时45分——成就感极大，虽然只是半马，但那也是"马"呀！

有了2014年零的突破，2015年就有点爆发了。3月扬州马拉松（半马），7月旧金山半马（另一拨80级八系的大概十来个同学，刘亚彬、张帆、谢卓伟、沈亚红、富宏亚夫妇和小孩、梁列至等），9月柏林马拉松（六大满贯之一），我人生的第一个全马（和王海林同学，王长滨由于特殊情况报名但没有

第一个旧金山马拉松赛

成行)……

为了准备柏林马拉松,我下了功夫,这也确实是一个让人感触很深的全马经历。半马实际上就是拼拼体力,靠着底子跑,但全马就不一样了。因为害怕跑不下来,所以就得下点功夫去训练。跑柏林马拉松的时候,因为跑过几个半马,开始后前半程觉得还挺轻松,因为我听了很多建议,说前半程不要快,要保存体力。跑到后半程的时候,国内的柏春通过微信跟我说你可能关门之前跑不下来了。我当时很紧张,然后我就加力。我跟一个70多岁的日本老头前后,一会儿他超我,一会我超他。后来这个老头因为受伤停掉了,就剩我继续往前跑,最后跑了五小时四十分。柏林马拉松有四万多人跑,我的成绩在两万五千名左右,身后还有上万。虽然跑得慢,但还是蛮有成就感的。

后来又跑了2018芝加哥马拉松全马(六大满贯之二)。

之后,我和我太太在美国跑了几个半马,直到2019年哈尔滨马拉松,我又和我们的同学们为迎接哈工大100年校庆,跑了我人生的第三个全马。

哈马我准备得不充分,但当时自己觉得身体状态不错,所以比较大意,跑到最后被关在门外。当时是海林陪着我跑,到最后收容车不断地想让我们上车,我就不断地拒绝他们,坚持着走一会儿跑一会儿,跑一会儿走一会儿,最终完成了全马。所以一个感悟就是,跑全马绝对要充分准备,否则就是遭罪。

哈马终点冲刺

跑马对我来说最重要的意义是可以跟朋友们在一起。我在哈工大学习期间，交了一些兴趣相投的好朋友，跟他们在一起感觉年轻了很多，有一种返老还童的感觉。所以我非常喜欢跟同学们聚会，这种感觉是用金钱买不来的，非常美好。我们8081和8083一起或者单独聚会，我几乎从未缺席过。我很感恩，感谢有这帮好同学，共同的运动爱好让我们在一起的时候一点不单调，有共同的话题，给生活增添了不少乐趣。

下一步，我的理想是跑完六大满贯，争取五年内完成。所以，现在要抓紧训练。疫情发生以来一直在家工作，时间相对多了，可以把上班路上的时间用来跑步。上个月跑量破了我的个人纪录，达到120多公里。从这点讲，疫情对跑步是个好事。

两班聚会的趣事

我们8081和8083，从大学开始就经常进行足球比赛，我们班基本是比不过8083班。但毕业后我们班同学的运动坚持得比他们好，所以大部分体力上好过他们。现在跑步的主力是我们班同学，8083班一开始就柏春一个人跑，后来慢慢地影响带动了几个人，但总的说，还是8081班跑步的人多。所以毕业二十年、三十年的聚会，我们再比赛足球就开始有赢有输了，赢的次数可能还多一点。他们不服，只能努力加强锻炼，以期下次再比。我们这个比赛还蛮正式的：买运动服，专门请当年的体育老师郑老师来当裁判；而且大家比赛的态度也很认真，每次比赛都很激烈。虽然比赛的结果大家都很在意，但是赛后大家都很高兴。其中还有个小插曲，有一次我们班张秀海在赛前跟他们喝酒，把他们队员都给灌醉了，然后第二天我们就赢了。这个真的是一个战术上的"策略"。下一届的时候，我们大意了，觉得赢他们没问题，但我们又上当了。因为孙柏春那天早晨说去跑步，我们几个都跟着去了，累得一塌糊涂，结果一打比赛我们体力透支又输掉了。在比赛中，我为了一个点球争得脸红脖子粗。很多人一定感到很奇怪，这么大岁数了还那么较真。我记得赛后张泮还找我谈话开导我，让我调整好心态。其实我啥都懂，这是我有意而为。我和同学在一起时最喜欢的就是找回大学时代的感觉，就是想无拘无束地傻一下，包括再"犯犯浑"——老同学们以后看我犯傻时，请多原谅一下。

说起来这些事很有意思，两个班的较量可能要一直持续下去了，所以我们得加强锻炼、强壮自己，争取多赢。当然还是赢的感觉更爽一点。

关于事业与运动

运动对事业绝对有帮助。首先是体力上的帮助，有氧运动对心脏、对大脑都有好处。再有是经历上的帮助，运动实际上是跟人交往，比如踢球，我投资的很多公司客户都是球友。球品见人品，一个人球品好，人品肯定也错不了。还有，运动给人正能量，带来的是正向的激励。我从跑马中得出一个重要人生感悟就是，马拉松不是短跑，要掌握节奏；掌握节奏就要去优化，需要训练，没准备肯定不行。在工作中也一样，人生中真正做一些事情，是要有充分准备的，要有一个长远的打算，还要按科学办事，掌握节奏。所以我非常希望更多的校友，特别是后辈，都能多多参加运动，把运动放在重要位置。不要说有时间才做运动，而是说运动的时间一定要百分之百保证。我不主张为了工作把健康搭进去，要做好工作必须首先把身体搞好，这样才会事半功倍。

跑马对身边人的影响

我跑步后一直在家里宣传，动员家人有机会一起跑。有段时间我太太也跟着一起跑，跑了很多半马。开始跑半马的时候她还跟着我学习，后来就超过我了，一般都比我提前结束。这方面我们班同学也有两个典型，就是大学时不怎么运动的人，现在跑马拉松跑得特来劲儿。一个是沈阳的赫峰，组织公司的一帮人跑马拉松。再有是戴铁成，在大学的时候，我记得有一次 4×400 米接力，最后一百米是我们把他拖过终点的，跑得连滚带爬。就是这么个不能跑步的人，现在在我们班跑半马是最快的，配速五分钟以内，简直和我跑百米差不多了。我太太也是在大学不怎么跑步，现在我跑不过她。这也是很有意思的现象，说明人的潜力是无限的，而且有很多时候自己都不知道自己的潜力。

结束语

真的很幸运和感恩在我的人生马拉松中经历了真正的马拉松，特别是和我这帮可爱的哈工大的同学一起跑了这么多的马拉松。希望我们能够继续健康地跑下去，为我们的人生马拉松增添新的故事。

2020 年 6 月于美国旧金山

结缘哈工大 筑梦马拉松

谢卓伟 柳宏秋

一起奔跑　携手人生

我的跑步缘

谢卓伟

一

我的跑步起于高中。

1978年，我参加全县初中升高中统考，幸运地考入县一中。开学后，学校要求每天以班为单位进行晨跑。第一个月，晨跑的队伍很不稳定，前后的同学不断有变化，一些新面孔不断出现，原来是部分同学考上了中等专科学校，调剂了其他班的同学补充进来——那时候对于很多乡下孩子来说，能上中专已经是很了不起的事了。

高中两年，和很多同学一起晨跑，跑出了友谊，跑出了纪律，跑出了好身体。其间有两个小插曲记忆犹新：一个是1979年初，与我们一起晨跑的是鱼贯而行的军车，看不到头也望不见尾，后来才知道，这是开赴前线的部队，将参加对越自卫反击战；另一个是偶尔能碰见一些高档豪华客车疾驶而过，据说是海外华侨回乡探亲的，关闭了几十年的国门似乎开了一个缝，南风正徐徐吹来。

二

高考结束后3周左右，我收到考试成绩，得知上了重点线，接下来就要填报志愿。

对于填报高考志愿,家长、老师和我都没有什么概念,两眼一抹黑,不知道报哪所学校和专业。当时很多大学都给学校寄来招生简章,当我看到哈尔滨工业大学的招生简章时,雄伟的教学大楼、"工程师的摇篮"的培养目标和精密机械设计专业吸引了我,我毫不犹豫地将哈工大作为第一志愿,并如愿以偿被录取到精密机械设计专业。据当年来广东招生的老师介绍,这一年哈工大在广东录取的7个新生中,只有我一个人是第一志愿报考。

收到录取通知书,全家兴高采烈。高兴过后才发现自己和家人并不知道哈尔滨在哪,对要去读大学的城市毫无了解。于是,马上翻地图、查阅相关资料,始知哈尔滨在祖国的东北,是冰城,天寒地冻。为此,父母为我准备了10斤重的棉被(10斤,估计北方同学闻所未闻)。

为了节省旅费,父母没有送我,17岁的我第一次走出大山独自奔赴远方。

北上求学的过程也像一场马拉松(冥冥之中跟马拉松有不解之缘)。记得那天天不亮我就坐上了县城到广州的长途客车,从家乡到广州大约205公里,途中吃了早餐又吃中饭,直到下午4点钟才到达广州。下车后直奔广州火车站售票厅购买去北京的火车票,排了半天的队轮到我时被告知没有当天去北京的车票。一筹莫展之时,发现有人退广州至韶关的火车票,正好是去往北京的车次,当我知道可以在车上补票时立马买下这张退票。这时离开车时间已经很近了,来不及去汽车站取托运的行李,我灵机一动,慌乱中想出一个主意,给在广州的父亲的同学写信,同时附上行李票,请其帮忙将我的行李取出并通过火车托运到哈尔滨。

总算坐上了开往北京的火车。这是我17年来第一次坐火车,而且是去那么远的地方。由于不会说普通话，不敢发声，一路无语，有的只是憧憬，可也想象不出明天的生活会是什么样。

第三天中午，抵达北京。出站后，来不及看北京的模样就直奔售票处。又是排队，又被告知没有去哈尔滨的火车票。我茫然站在售票大厅不知所措。定下心来，查看售票大厅挂着的地图，发现天津是北京去哈尔滨的必经之地，就买了一张当天去天津的火车票，心想总归是往哈尔滨方向走的，一点点挪吧！当晚七八点钟到达天津，下车后顺利买到第二天去哈尔滨的车票。接下来的问题是要在天津住一晚。通过火车站住宿介绍处的介绍，我来到了天津华清池浴池——人生第一次去浴池，不是去洗澡，而是睡觉。

从广州到北京，在火车上熬了两夜，总算在浴池睡了个安稳觉。次日上午8点多，再次登上列车北上。经过近20小时的旅途，于凌晨3点多到达哈尔滨火车站。

曲折漫长的"马拉松"北上终告一段落，下面再唠叨几句。

几天前从广州出发时是30多摄氏度的高温，我穿着夏装、人字拖，而此时的哈尔滨已是秋雨秋风冷煞人。我在瑟瑟发抖中挨过了5个多小时终于见到了哈工大的迎新老师。被安排上大巴后，拉到哈工大的新生报到处，见到了我们的班主任程老师及系里的相关人员。程老师把我领到二宿舍4097寝室，见到我的室友张秀海及唐世英，认了我的床位。由于我的行李还在途中，系里安排我先住在有"专家楼"之称的学校招待所——远方学子受到了高规格待遇，受宠若惊。安顿好后，第一件事是到教化商店购买衣服、鞋等生活必需品（特别是鞋子，我除了脚上穿的这双人字拖，再没有其他的鞋，而且那是我浑身上下最高档的行头，但在已经入秋的哈尔滨显然它不能继续服役了）。

三

接着就是开学典礼、入学教育,参观图书馆、实验室、实习工厂等,聆听老教师的专业介绍及传统教育。一周后我收到了广州发来的行李,搬离了学校招待所,正式入住宿舍——三点一线的大学模式正式开启。

开学后,按照学校的要求和我自己的觉悟,继续坚持晨跑。跑着跑着就下雪了、结冰了。跑步的服装由短袖变成长袖,又变成毛衣,最后是棉衣棉裤。大概11月,运动场开始浇冰,准备开展冰上运动,而体育课改为滑冰。这时候最惨的是我们南方同学,鞋还没穿明白,东北的同学弓腰蹬腿地就不见影了。再说那零下十几、二十几摄氏度的气温也是真坑人,穿上冰冷的滑冰鞋,双脚冻得钻心地疼。看着北方同学滑得轻松,可自己连站都站不起来,更别说滑了。几周后勉勉强强能滑起来,仁心老师大度地给了个及格,滑冰课总算对付过去了。

跑着跑着,突然不能跑了。东北的风忒厉害,我被吹成了面瘫。在校医院做理疗,医生建议暂停跑步。经过近两个月的治疗,面瘫治好了,于是我又恢复跑步,尽管每天跑量不大,但坚持得不错。同时顺利完成学业,考入本校硕士研究生。

研究生阶段晨跑也没停,但跑量有了变化,距离越来越长,甚至可达万米,自己都感到不可思议。随之胆子也大了起来,最后头脑发热,居然报名参加系运动会的5 000米比赛。比赛中,我和一个老教师跑在了最后。边上的体育老师猛给我加油,叫我抬腿、加快步伐。但我双腿已经不听指挥,步频、步幅也都跟不上了。总算勉强坚持下来,尽管是最后一名,但却是我唯一一次正儿八经地参加运动会。

跑步还跑出了爱情。那是1986年的春天,读硕士研究生的我,科研压力较大,难于抽空谈恋爱。我就利用早操时间,从哈工大跑到道里区女友的家,与她一起打羽毛球,然后再跑回哈工大,无形中加深了我们的感情。

接下来，虽然身份还是学生——博士研究生，但已成家。晨跑的环境没有了，有规律的跑步基本结束。此后，体育运动虽然没中断，如爬山、打球什么的，但都不系统、不规律，运动量也不大。这样的状态一直持续到2014年。

2014年初春，多年未跑步的我，突然在朋友圈发现，李赫峰同学在沈阳北陵晨跑5公里。我就想，都年过50了，还能跑步吗？还有，这家伙以前也没见有什么运动能力啊，怎么个情况？接着得知王长滨等同学在参加马拉松比赛，更加颠覆了我的认知。我一直认为马拉松运动可不是一般人能参加的，42公里就是走下来都不容易，别说跑了。

带着极大的疑问和不解，第二天早上我穿上跑鞋来到运动场，开始我中断了27年的跑步，而且一口气跑了5公里，用时30分钟。这一跑让我信心大增，同学们的肯定和陪伴，让我从此又恢复了跑步，从5公里起步，跑量逐步增加，到10月份，最大跑量达到12公里（也仅跑了两次）。此时，北京方面的王长滨传来消息，说他那里有两个北京半马名额，鼓动我和孙柏春参加。我是一点信心都没有，但还是架不住忽悠，怀着忐忑的心情和孙柏春一起迈上了北京马拉松的跑道，开始了我冒名顶替的第一马（被同学们称为"黑跑"）。别说，这第一马起点是真够高大上，在天安门广场——是的，天安门广场，中国的心脏，世界最大的城市广场！经过2小时20分的

"黑跑"北马

奔跑，顺利通过设在知春路的终点线，完赛！不可思议！！！这一天也是我的51岁生日，预示着年过半百的我将开启一段新的跑步生活！感谢老同学长滨的引领，感谢柏春的陪伴！

北马回来后，进入兴奋阶段，总想迈开双腿跑起来。北马过后一个月，迎来了广州马拉松赛，尽管没有报名（广马报名时我还没想马拉松的事呢），但也穿上跑步服装，早早来到广马起点附近——那时的广马管理还不是很严，一些赛外跑者也可以混入跑道。我也稀里糊涂地混进去了，"野跑"了一次半马（此后的马拉松比赛管理规范了，"野跑"再也不可能了），又完成了一次没有牌牌的马拉松。

转眼来到2015年1月，王长滨、孙柏春、王海林、张秀海、张帆、张立凯和我相约参加香港马拉松（半程）。经过"黑跑""野跑"之后，我终于名正言顺、雄赳赳地进入马拉松赛道了！

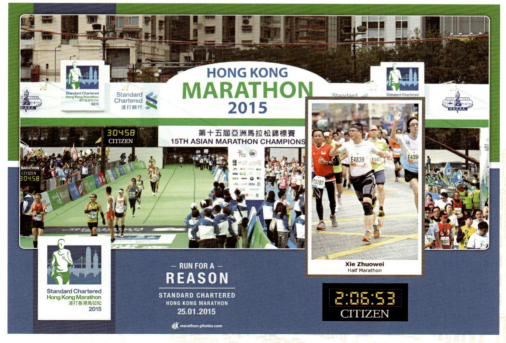

正式踏入马拉松赛道

跑马的魔盒被打开便一发不可收拾。

几个半马过后，我胆子越来越大，期待能跑个全马。于是，按照跑马教程开始训练，赛前几周跑量达到35公里，基本达到了跑马要求。经过精心准备，于2015年底参加广马，成绩是5小时05分，也是我全马的最好成绩。

跑了全马，又开始新的挑战。2016年2月在广州参加52公里越野赛，从早上8点开始，一直跑到晚上9点40，历时近14个小时，累计爬升2 730米，在比赛即将关门的时候通过终点线，顺利完赛。这次比赛那是相当的虐，翻山越岭，在不能叫路的赛道上艰难跋涉，从此对长距离的越野心生敬畏。

跑了国内的马拉松，就想体验国外的马拉松。第一站选择有老同学在的美国旧金山，金海平、梁列至、张帆、刘亚彬、富宏亚、沈亚红及我一同参赛。这次跑马加聚会活动，在东道主金海平、梁列至的热情接待和精心安排下，跑得开心，游得开心，记忆深刻，终生难忘。

第一个全马

参加 52 公里山地越野

同跑同游旧金山

此后就刹不住闸了。在芬兰，跑赫尔辛基马拉松，迎着欧洲古城的浪漫情调，感受北欧最洁白的城市之美。在柬埔寨暹粒，穿行在"微笑的吴哥"塑像下，饱览世界人类文明七大奇景之一的吴哥窟，好像回到1 000多年前的高棉王朝。跨越琼州海峡，参加海口马拉松，欣赏热带风光，体味"全民健身，重在参与"的体育精神。三月下扬州，参加扬州马拉松，徜徉"东关古渡"，游走瘦西湖，

参加赫尔辛基马拉松

访何园、个园，寻味古扬州的历史文化。初春赴成都，参加双遗马拉松，跑过都江堰，穿越青城山，在拥有世界文化遗产和世界自然遗产的马拉松赛道上纵情驰骋。油菜花开时，参加婺源马拉松，奔跑于"最美马拉松赛道"，体验辉煌灿烂的徽州文化。在云南元阳跑越野，欣赏哈尼族人世世代代留下的杰作——油画般的梯田。在桃花盛开的奉化，跑在满是桃花的山林间，人在画中画伴人游。樱花丛中的无锡马拉松，粉红色的记忆历历串串……

接下来，跑步，继续跑步，与同学们一道，跑向健康，跑向快乐，跑向幸福的明天……

参加元阳梯田越野

以马拉松的名义

柳宏秋

一个人可以跑得很快,两个人可以跑得更远。很多人一起跑呢?

不知您是不是马拉松爱好者,是不是关注这项运动。如果是的话,相信您一定感受到了近年来全国各地蓬勃兴起的马拉松热;或许您也加入了这个热闹的行列,跟着各地的赛事兴致勃勃地跑马呢,那么您一定有许多关于跑马的故事。

今天我也想讲一个跟马拉松有关的故事,故事的主人公是我的一帮大学同学,也就是哈工大80级八系的同学们。

有朋友会说了,80级的同学?是1980年上大学的吗?那应该不小了吧?没错,他们都是20世纪60年代初出生的人,都已经过五奔六了。我身边很多这样的同龄人,包括那些当年喜欢运动的同学朋友,现在都已基本放弃了他们所钟爱的运动,改行打拳散步了。那我的这些跑马同学是怎么回事?难道他们就没老吗?还别说,他们还真是一点没老。

说来也有意思,这伙人的运动故事也好比马拉松,一场耗时近四十年的马拉松。嗯,别急,听我慢慢道来吧。

跑马初起

话说1980年,来自全国各地的50名学子会聚哈尔滨工业大学机械工程系，也就是我们说的八系，组成 8081 和 8083 两个班。他们不仅学业优秀，还都是运动健将——四年里，除了完成课业，大部分业余时间都挥霍在运动场了，特别是以班为单位开展足球比赛，成为他们经常进行的活动。

转眼毕业，转眼十年过去了。十年聚会时发现，大家身体尚好，运动热情犹在，于是继续以班为单位踢足球打比赛，正儿八经地定做比赛服装、租场地、定规则、请裁判。输的那个班不服气，憋着劲要在下次聚会中赢回来。于是约定，将两个班的足球比赛作为保留节目，落实到以后每五年、十年的聚会中。转眼三十多年过去了，他们真的如约而行，五年、十年一聚，每聚必打比赛，只是随着年龄增长，比赛的时间有所缩短，其他规则一律不变。面对比赛结果，赢的得意，输的不服，执意要下次聚会再赛。

这期间，北京的长滨，这个 8081 班一直喜欢踢球、滑雪的运动健将又开始了一项新的运动——马拉松，并坚持不懈地训练着，同时辗转国内外参加马拉松赛事。当他把这项运动介绍给同学们时，得到了部分人的响应，微信群内的聊天由此就多了个话题，今天这个报告跑了 5 公里，明天那个报告跑了 10 公里。忽然有一天沈阳的赫峰宣布跑了 5 公里，让身在广州的卓伟大受刺激。因为这位赫峰同学在校时并不擅长运动，现在居然也能跑 5 公里，那还有啥说的，咱也跑吧！于是，卓伟同学当即奔向运动场，开始了他的跑马训练。

时间来到 2014 年 7 月，海平、长滨欲参加美国旧金山马拉松的消息在同学中引起了一阵骚动，沈阳的赫峰和哈尔滨的秀海也跟着报了名。四个人中，长滨是有备而来，专程参加这个世界有名的赛事；海平虽然平日有运动，但主要是踢球，从未想过跑马，此番参赛只因自己身居旧金山，为尽地主之谊而陪跑；赫峰和秀海则完全是借机会旅游，因对跑马心里没底、怕"丢不起人",两个人入场前就做好打算,跑不动就开溜,找地方喝茶或逛公园去。四个目的不同的兄弟就这样踏上了旧金山马拉松的赛道。结果,长滨圆满完赛,另外三个兄弟起跑后发现参赛者们不乏自己的同类,不论男女老幼,不分高矮胖瘦,能跑则跑,能走则走,就像参加一个城市大PARTY,怡然自得地享受这一时刻,顿时大受鼓舞,竟然走跑交替完成了半马,与长滨一起勇敢地为八系兄弟们叩开了马拉松处女跑的大门。

三个月后,也就是2014年10月,训练不足半年的广州的卓伟和哈尔滨的柏春来到北京,准备跟长滨一起参加北京的国际马拉松。由于卓伟和柏春两个人训练时间短,对于能否完赛心中没底,但又不想放弃这次宝贵的机会,在长滨的鼓动和细心安排下,他们鼓足勇气走上赛道,最终以不错的成绩跑完半马,成为两个跑马新秀。

北马一战,士气大增。柏春、卓伟愈战愈勇,杭州的张帆、深圳的立凯跃跃欲试,一时间天南地北的一帮人跑马欲望急速飙升,各种交流讨论不绝于耳。为了不影响群内其他同学,一个新的跑马微信群应运而生。

转年初,2015年1月23日,香港马拉松开锣,在长滨的鼓励号召下,参赛的队伍扩大至7人,除老队员长滨、海林、秀海、柏春、卓伟之外,又增加了张帆、立凯,其中除长滨报名全马外,其他人均为半马。7人分别从北京、哈尔滨、广州、杭州、深圳齐聚香港,满怀信心踏上赛道并顺利完赛,为一段时间以来的跑马画上了一个巨大的惊叹号。

聚会扬州

香港马拉松后,参赛者兴趣持续递增,旁观者再次被感染、跑心萌动,于是大家把目光投向2015年的国内马拉松赛事。经过一番谋划,大家将目标锁定在 4 月的扬州，拉开了又一场跑马聚会的帷幕。

此时距扬州马拉松开赛只有三个月的时间，同学们要完成报名、训练、参赛这一系列工作，还真是"时间紧、任务重"。别的不说，仅报名这第一关就把大家磨得够呛。那是 2015 年 3 月 1 日上午，身处不同城市的同学们正襟危坐于电脑前，等待 10 点开闸报名。结果，这一天扬马网站大塞车，几乎全线崩溃，别说报名，连网站的页面都进不去。同学们一边守着电脑刷屏，一边在群里抱怨，这个气恼"什么破网站"，那个绝望"没戏了，放弃了"，但更多的是互相鼓励："要有耐心""坚持住""别放弃，继续刷"。如此折腾一整天，直到晚上 10 点多钟，随着最后一位同学在群上通报报名成功，14 位欲参赛的同学全部如愿，群内一片欢呼。

最热闹的还是跑马备战。一帮菜鸟第一次集体出征，大家都不敢怠慢。长滨负责预订酒店，向大家推荐并准备扬马时用的能量胶、盐丸等补给，同时不断将自己的一些跑步经验分享给大家；柏春则以在校时搞机械设计的严谨和认真，研究起了与跑马相关的各种技术问题，包括跑鞋、腰包、手表和专业跑步衣裤等，还根据每个同学的不同情况，排出梯队，分门别类制定阶段目标，设计训练计划，提醒跑步注意事项，俨然是哈工大"规格严格，功夫到家"校训的又一次认真演绎。同学们全部进入备战状态，按照长滨和柏春的指点，认真学习、努力操练，在初春的中国乃至北美大地，上演了一幕比学赶帮超的跑马训练活剧：美国的海平，每次都在跑步时气喘吁吁地在群内通报，接受同学们的鼓劲加油，也让其他同学大受鼓舞、干劲倍增。已有一定实战经验的卓伟和柏春，一个充分利用广州的温暖气候悠哉乐哉于运动场，一个冒着零下二十多摄氏度的严寒狂奔于松花江畔。第二次参战的立凯和张帆，前者以 10 公里的首跑为自己庆祝，向老马们致敬，为新马们加油；后者跑 3.2 公里就连连告饶，娱乐跑马的精神让人忍俊不禁。两位跑马新人亚彬和宏亚，一个3公里起步，偏偏杭州天公不作美，阴雨湿冷让他的训练断断续续；一个腊月二十八跑起，到三月初已能一次跑10多公里。信心猛增的同时，不忘与"软柿子们共勉"，告诫他们"只要坚持就一定有收获"。"老柿子"海林，被宏亚弄得惶惶然，羊年第一跑（室内）就直奔10公里，声称"嫩柿子在后，老柿子压力山大"。唯秀海从容淡定，决意继续"暴走"扬马，因而一边喝着小酒、搓着麻，一边看着紧忙乎的同学们。

随着训练的推进，跑马热情在蔓延。八系群里，有人感叹："没人了，都是马！"有人臆想赋诗赞跑马，更有人直接混进"马群"：大连的德臣，欲罢不能，欲进没底，羡慕大家通过跑马相会；北京的铁成，不甘寂寞，变平日走路为跑步，时不时地与大家通报，为同学们鼓劲加油；加拿大的春林，眼看无缘扬马，但也跃跃满志加入锻炼行列——从走路开始，并通过"咕咚"APP在小区内走出了"8081"和"8083"的足印，以实际行动声援大家跑马健身……

扬州马拉松开锣的日子终于在训练中来临了。同学们从美国、从中国各地拥向扬州，欢闹聚会、游览古城过后，正式开启跑马模式。跑马前夜，长滨做战前动员，发放早餐、能量棒、盐丸等，反复叮嘱大家跑马注意事项；全体成员认真聆听、铭记在心，酒足饭饱之后等待出征。

4月19日，扬马正式开始。凌晨4点30分，群里就开始有动静了：先是柏春吆喝"扬马三小时倒计时开始了""战士们，该起床了！"一小时后，张帆通报"东西已经在肚子里了"。随后立凯通报："按照秀海班长的安排，昨晚雨已落，今天上午雨改下午雨，但长滨希望的毛毛雨可能出现；风向按柏春班长希望，东风正轻轻地吹。可爱的烟花扬州，战士们准备快乐跑马吧！"紧接着宏亚宣布："天气听秀海的，安排听班长的，成绩听自己的。相聚扬州，快乐跑马！"海平激情难耐："同学们加油了，一起享受人生的精彩！"一帮人就这么孩子般地在群里折腾了一个早上。

群里的热闹吸引了马群内围观的人。继忠赋诗喝彩："八一八三各路侯，烟花三月奔扬州。为续青春凌云志，扬鞭跃马竞风流。"美国的列至按捺不住的兴奋："祝全体扬马同学备好夜草，掌好蹄铁，编起马鬃，甩开马尾，一马当先，万马奔腾，马到成功！"春林备受感染："开跑在即，遥祝战士们成功、顺利！不喊加油了，几天来大家旅途辛苦、相聚兴奋，够辛苦的了。此时站在跑道、积极参与就是巨大的成功！祝大家一切顺利，开心轻松，快乐扬马！"哈尔滨的荣棣跟着起哄："让我们共同享受这一精彩瞬间，扬马的勇士们快乐奔跑吧！"……

扬马在大家的嬉闹中完美结束。此次跑马不仅参赛人数实现了新的突破，还吸引了重庆的李敏、上海的思明、南昌的亚红、常州的张泮和长滨夫人、海林夫人前来助阵，其中由于一位迷马队员临时有事未能前来，本为啦啦队员的亚红临时顶上，参加了一个未加任何训练的马拉松，虽然是6公里的迷你马，但她也被自己的壮举所震撼，激动的心情不知如何形容和表达。

再上新征程

扬马战事刚落，新的征程即开启。海平回到美国后便开始呼吁大家报名参加3个月后也就是2015年7月的旧金山马拉松。于是，同学们再次总动员，卓伟、宏亚等老队员积极响应，亚红也上瘾了，将赴美继续参加迷你马。此外，还增加了一个新生力量，就是美国的列至，这个曾经的体育棒子，无法忍受当年的体育困难户们如今在跑马赛道上耀武扬威，宣誓要为荣誉而战。三个月后，海平、列至、卓伟、宏亚、张帆、亚彬、亚红等一行7人在旧金山相聚，顺利完成跑马，并在北美进行了为期2周的旅游，使跑马+聚会这个活动又被赋予了国际游的内容，显得更加高大上。

随后，同学们的跑马活动呈燎原之势。2016年，在大家的共同努力和积极参与下，先后完成了两次跑马聚会：分别是3月的成都都江堰马拉松和8月的哈尔滨马拉松，大家在感受并分享运动带来的快乐的同时，更沉浸在一次次重聚的喜悦中。同时，个人和2～3人的跑马活动此起彼伏。据不完全统计，2015年至2016年，个人或2～3人的小分队共参加了25场马拉松，足迹遍及内蒙古、齐齐哈尔、哈尔滨、北京、沈阳、杭州、千岛湖、海口、婺源、广州、桂林、深圳南山和宝安、惠州巽寮湾，美国纽约和旧金山、德国柏林、日本东京、芬兰赫尔辛基等地，加上扬州、成都和哈尔滨的三次跑马聚会，共约80人次。

随着时间的推移，跑马渐渐常态化。长滨、海平、柏春、宏亚、亚彬、立凯、卓伟等分别参加了美国波士顿、加拿大温哥华、山东泰山、宁夏银川、广东清远和深圳南山、云南元阳等地组织的马拉松。更为可喜的是，运动锻炼的意识深入人心，跑步活动蔚然成风。同在一个城市的，常常周末相约一起跑步；即便是出差也不例外，走到哪跑到哪，如果那个城市有同学，除了吃饭聚会，一同跑步更是必不可少；遇有哪位参加什么马拉松，其他同学除了在群内摇旗呐喊、擂鼓助威，总有人在线下陪跑为其助兴加油。跑马群是他们交流的重要平台，大家每天在这里登记当天的跑量，月底进行月结，每人每月的总跑量一目了然，如此不仅记录了每人的跑量，也是一种无声的提醒和督促，让人无法逃避、无法偷懒。

一连串的跑马训练和聚会活动，极大鼓舞了看热闹的同学，一批新生力量不断涌现并茁壮成长：自称"跑3公里就腿软"的春林，在长滨的鼓励和指导下，积极投入锻炼，决心"为集体形象更丰富而努力"，经过两年多的努力现在已能轻松地跑完七八公里；借扬马东风的铁成，不仅加入了长跑训练，更成为这个队伍中的飞毛腿，速度之快无人能敌；游泳和乒乓健将荣棣，将运动场所移至户外，也是撒开腿就没人能追上，而且带动他的球友一起奔跑在运动场。他们跑马群的群名也很有意思，因为是根据最近以及未来一段时间大家要参加的某某马拉松来命名，如"旧金山-柏林马拉松""成都-婺源-北京-碾子山-赫尔辛基马拉松""吴哥-柏林-夏威夷马拉松"等，所以群名老是不断地在修改，跑完一个去掉一个，有新的再加到后面，如此滚动，颇有点"无穷匮也"的味道。

马拉松运动就这样成为他们生活的重要组成部分。曾经，他们一同驰骋运动场，用汗水缔结了深厚的同窗情；现在，他们又集结在马拉松的旗帜下，继续书写他们的运动传奇，展现乐观向上的生命活力。他们是一群逆时间而动的人，他们在奔跑中忘记了年龄，拥有了快乐，唱响了一曲又一曲朝气蓬勃的青春之歌。

2020 年 6 月 15 日于广州

结缘哈工大　筑梦马拉松

张帆

随想二三

是金海平和我们的跑马"总舵主"王长滨,在各种场合多次提及我们的跑马活动,两个班同学成"建制"地组队参加马拉松比赛,在校友圈影响深远,反响很大。哈工大百年历史上似乎从未有过,自然而然地被学校出版社的老师"惦记"了——作为庆祝母校百年华诞的一个组成部分,以此为选题出一本书来配合校庆活动。

接到秀海和柏春两位班长的微信通知,要每位同学写点东西,心里忐忑不安。说实话,作为理工直男,我最怕写文章,特别是命题作文。当初高考,语文刚刚及格,在所有科目里最差。这么低的分数,极大可能是折在分数最多的作文上。我至今还记得当年的考题是议论文——《论达·芬奇的画蛋》,我肯定是作文没有议论妥帖、把达·芬奇的蛋砸得稀碎的人。

时光荏苒,与八系同级两个班同学相识一晃 40 年了。小事随着时光流逝早已淡漠,但有些事还刻在脑海中,难以忘却。这几天我一直在追忆,费尽心思写了一点,虽然最后形成的文字总是枯燥寡淡的,但我对母校和同学的心却始终是火热的。

我考上了哈工大

想当年在宁波镇海中学，喜欢自由自在放纵天性的我，一直不咸不淡地读着书。好在镇中所有的任课老师教学认真，对每一位学生要求严格，从不放弃，所以到现在我还一直在说，没有当年我的班主任数学老师王元的"逼迫"，我或许会与哈工大擦肩而过，因为当我"醒悟"过来时离高考很近了。报考哈工大，填报的是第一志愿。其一是因为考分上了一本线，但离自己高考的目标——离家近的南京工学院还有几分差距；其二是小心思，报偏远一些的名校录取分数相对低，另外，浙江去的学生少，路途遥远的，将来分配回浙江的机会也多。

至于为什么选择哈工大，除了仰慕学校是"工程师的摇篮"，要读就读个名校以外，主要是哈尔滨这座城市。因为当年恰逢电视剧《哈尔滨之夏》在中央台播放，郑绪岚唱的《太阳岛上》和关贵敏唱的《浪花里飞出欢乐的歌》风靡全国，浪漫美丽带点异国风情的"天鹅项下的明珠""东方莫斯科"哈尔滨，这样的大城市对当年浙江小城市出来的孩子，绝对是有吸引力的。

"4097"轶事

大学头两年住二宿舍4097寝室，小小的，只有十几平方米，四周挤下五张高低铺，中间摆放四张写字桌，留出一条极窄的过道。十位同学分别来自黑龙江、辽宁、北京、云南、河南、广东和浙江七个地方，汇聚朝鲜、满、汉三个民族，算是较早实现多民族、南北文化交融的一个寝室。正是因地域和文化不同，产生的趣闻自然让人忍俊不禁。

我报到的当天，就闹出了"失踪"的笑话。将行李拿到寝室，房间没人，一看时间尚早，就径自扑向心心念念的太阳岛。到了松花江边，看完防洪纪念塔后，摆渡过江上岛，在渡轮上倒是有老关歌里的"游龙如穿梭""绿水载白帆""大桥跨南北"的意思，可是上了太阳岛后，除了一座俄式尖顶餐厅有点漂亮，其他就是两边有树的土路了。这样的景色我们南方比比皆是，与电视里的镜头差距更大。我心想肯定没有走对地方，就一直往岛的深处走，走啊走，一直走到天黑也没见"露营的蓬帐""垂钓的鱼竿""弹六弦琴的小伙和穿游泳装的姑娘"，只得失望而回。回到宿舍已经是晚上八点多了，让辅导员程建华老师着急了，委屈了秀海班长挨了程老师的批评——这事还是班长在20年后的聚会上告诉我的。

4097 民族大团结（从左至右汉族张帆、朝鲜族李赫峰、满族富宏亚）

我们寝室的谢卓伟是广东人，其脸型、发型还有发音具有明显的广东特点。一次在学生一食堂打小米粥，他对打饭的大嫂说："来两（liǎng）两（liǎng）粥。"那大嫂想了半天才明白老谢原来是要打二（èr）两粥，打好以后笑眯眯地说："这里要说二（èr）两，不是两（liǎng）两（liǎng）"。

我们在学校的几年，国家刚刚开始改革开放，生活水平逐渐提高。作为离港台最近的广东，其受到的影响最为显著，发展自然最快。记得老谢每次回家返校，身上穿戴都有变化，虽然都是舶来品，但对我来说都很新奇：蛤蟆镜上有洋文商标、稀奇古怪的书刊、走私的手表。我至今印象很深的是1981年入夏前，上游泳课，老谢戴着日本双日历精工表"扑通"跳入水中，惊叹得我差点掉下巴，要知道那时候手表是稀罕物呀，国产表价钱贵不说，还凭票供应，防水性能也不咋地，洗个衣服都要把手表摘了。老谢当时的入水动作要比现在"跑男"帅多了,除了一个"豪"字以外,不得不佩服日本货的高质量。

戴铁成来自双鸭山,是寝室老大,和我是相邻的上铺,平时都是头碰头睡的。每天早上5点多,他就轻手轻脚地下床,到体育场跑几圈再去早自习。老戴是学习尖子,也是寝室里最自律的同学之一,志向远大,英语很棒,自打一入校,就有出国留学的想法。1980年,国门还没有开放,出国,很多人想都没有想过。要知道当年的高考英语只占30分,绝大多数人,包括我开始都是放弃的。老戴父母是双鸭山当地的名医,经常有机会来省城出差,每次来都带着一个大号的棕色药瓶,里面装着戴妈妈亲手做的黄瓜炒肉末,黄瓜脆脆油亮亮,肉末巨多。只是戴妈妈给儿子改善伙食的菜,绝大部分被同学们你一筷我一勺瓜分掉了。2015年老戴全家陪戴妈妈来杭州游览,我还和老人家说,至今忘不了那个美味,因为这是妈妈的味道,是母亲满满的爱。

老戴杭州行

卢长海是北京人,常皱着两道粗黑的眉毛做思考状,操一口地道的京片子,擅长哲学、相对论这些同学们涉猎较少听起来就觉得深奥的科目。毕业一年以后,我们两个分配在不同地方工作的人,居然在西安华清池偶遇:那时他刚刚参加了"讲师团"来陕西省支教,游玩了华清池上大巴准备离开;而我则在临潼出差了半个月,在镇上溜达一圈就准备坐火车返杭。只能感叹:世界太小,同窗缘分更大!

1985年8月17日与老卢偶遇华清池

关于运动和马拉松

大学期间倡导"为革命健康工作五十年",好好锻炼身体,目的是为革命多贡献几年。可说起来惭愧,游泳我在班里是大拿,是长滨"总舵主"的游泳私教,对于跑步,只擅长短跑,长跑从来都是我的弱项。每年开展的迎春接力赛,我都只有保管衣服、做啦啦队员的份儿。大三参加系运动会,我在110米栏拿了第四,好像是赛场上唯一一次为班里增了光。除此以外,虽然各类体育活动都能代表班里参与参与,但是事后能留下记忆的并不多。在学校里8081班的体育是经常输给8083班的,特别是8083班的两女生,各自擅长长跑、短跑,田赛与径赛的名次几乎都被她们包揽,每次运动会比我们班五个女生得的分还多。虽然8083班男生得分也多,但是差距并不大,我们8081班也一直不服,以至于毕业后两班的聚会,传统保留节目是必须来一场足球赛事。记得在2010年的哈尔滨聚会中,两个班继续比赛踢足球,我在20

米开外的左脚凌空直接射门,打破了校篮球队最佳后卫李志杰同学的十指关,帮助8081班"复仇"8083班,惊艳全场——那是我在两班足球赛的高光时刻,得意到现在,以后每次聚会都要拿出来显摆一下。只可惜8083班的著名摄影师海谦在场上比赛,没有拍下我的精彩瞬间,让我遗憾到现在。

2011年长滨和海林开始跑马拉松,我是有耳闻的,当时心里就是一个"服"字。因为马拉松可是极限运动,虽然他们刚开始跑的是半马,对我们这些"小白"来说,半马也是马!

8081班的第一次集体跑步活动是从2013年6月28日的杭州聚会开始的。美国的海平那段时间要来上海公干,正好有空余时间来杭州游览。亚彬班副和我一合计,不如趁此机会,把大家招呼在一起,在杭州搞个聚会。这个想法得到了同学的响应,从提出动议到付诸实施,短短的一周时间就会集了国内19位同学。同学们这么给力,俺们自然不能掉链子,把酒店、饭店、景点、车辆安排得妥妥帖帖。特别是选择饭店,真是动了一番脑筋,一定把杭州的美味配合美景都奉献出来,让大家领略到杭州的特色与文化。为此,亚彬还紧急更换了一辆豪车,准备了时令水果杨梅。最后一位报到的向树红同学安排好公务,在欢迎宴会进行中及时赶到,得到了全体同学列队并长时间的鼓掌欢迎。

聚会前长滨就提议,到时来一次集体环西湖跑。为此,

2013年6月29日,龙井村,夹道欢迎向树红

体育委员海林给每人赞助一件耐克跑服,还专门做了班级标志贴。29号一早大家穿着统一服装集合开跑,只可惜中间一场大雨冲散了队伍,自然我也是被雨冲回宾馆的。最后完成环西湖跑的(10公里)只有长滨、海林、亚彬、铁成、海平五位同学。现在想想,当年的10公里,对现在大多数同学来说都是小菜一碟了。

长滨、柏春、海林、老谢2014年的北马,我是作为啦啦队员参加的,当时恰好在北京出差,顺便就留了下来。

杭州合影

在现场观看北京马拉松,看到跑者穿着鲜艳的衣服,跑过天安门,在皇城根下自由奔跑,啥感觉?牛啊!热血澎湃!这符合我爱热闹的个性。回到杭州后,继续维持健走运动,同时开始跑一些3~5公里的短距离。作为一个血糖高的人,锻炼本来就不能停!

2015年1月25日的香港马拉松,是我无意中参加的第一个半程马拉松,以至于我后来在杭州跑友圈里吹牛说我跑马拉松的起点很高!原本是去做啦啦队员的，长滨的一个兄弟来不了，我就以他的名义跑了我人生当中的第一个半马。港马路线比较虐，有很多立交桥和隧道，上下坡多，本来就没正规训练，后半程已耗尽力气，只能跑跑走走，用了3小时10多分钟，自然是被关在门外。

有了这么多铺垫，加上长滨不断鼓励，又送泡沫按摩轴，又送盐丸和能量胶，还教热身拉伸方法，时不时电话微信"轰炸"，海平、赫峰赠送美国保护膝盖药，不跑步没法在班里混下去了。我按照哈工大"规格严格，功夫到家"的校训，开始看跑马的书籍。2018年和亚彬加入了杭州著名的"雁渡寒潭"跑友群，与一帮志同道合的跑友一起训练。除了追求好一点的成绩，更主要的目的还是健康安全地跑步。

从2015年4月以我自己名字报名的扬州半程马拉松开始，到2019年底的杭州梦想小镇半程马拉松，这几年每年都和同学相伴，跑了十几个半程马拉松，全程马拉松也参加了4个，其中不乏顶级的芝加哥马拉松、旧金山马拉松，国内TOP10的杭州、广州、武汉、兰州、厦门马拉松。成绩不断提高，半马从港马的被关在门外，到扬马的2小时48分14秒，再到苏州金鸡湖半马的1小时59分24秒，应该说每一秒的进步都是用汗水换来的。

有幸在美好的年华里，在哈工大得到锤炼，"规格严格，功夫到家"让我终身受益；

有幸在美好的时代中，与同学们结缘校园，这是我一辈子的财富；

有幸在人生的旅程上，有同学们结伴前行，这是我一生的幸福和荣光！

2020年6月23日于杭州

结缘哈工大　筑梦马拉松

张立凯

跑马那点事

缘起

说来有点特别,第一次参加半马之前,我刚开始跑步没多久,最多也就连走带跑地勉强完成8公里。之所以仓促上阵,是因为长滨等5位同学组团去跑2015年的香港马拉松,我和阿帆本来是当啦啦队员助阵,却因为临时多出两个名额,结果在同学们的力劝下,赶鸭子上架似的,我们两个就直接上场参赛了。参赛前一天,"地主"师玉文派车把同学一行从深圳接到香港,顺利领完参赛包,住到起点酒店。晚上师玉文带着太太和孩子,为老同学们接风,也预祝老同学们港马顺利完赛。回到酒店后,在紧张和兴奋中,期待着第二天早上开跑。

头一次参赛,现场体验几万人一起奔跑的宏大场面,感觉很是震撼。枪响,开跑,借着兴奋劲跑完几公里后,毕竟准备严重不足,就只能边跑边走了。一开始还是跑多走少,渐渐地变成走多跑少,最后几公里完全就是走。快到终点的时候,甚至快走都不行,一快走小腿就要抽筋,眼睁睁地看着自己被关在门外,并且只晚了区区15秒,没拿到完赛奖牌。后来才知道香港半马本来就没有完赛奖牌,心里这才稍稍舒服了一点。转头又一想,本来就没好好训练,再加上是冒名顶替,即便拿到完赛奖牌也不是实至名归，这样想来心里更坦然了。

首次马拉松的参赛体验非常独特，平时车水马龙的繁忙街道变成了赛道，街道两旁的人们热情地为选手们鼓劲、加油，既使是菜鸟，既使是打酱油的，既使是边跑边走、狼狈不堪，恍惚间也会有"想跑就跑，想走就走，通达无碍，天下我有"的错觉。跑马果然有毒。

训练与参赛

甭管怎么说，港马被关门外，还是受到巨大刺激。参赛回来马上开始了有规律的跑步。一般每周跑3次，每次连续跑步距离（中间不走）也慢慢加长到10公里。在参加2015扬州马拉松前，跑了次18公里的LSD（长距离慢跑），为参赛做好了充分的准备，使得扬马以2小时38分顺利完赛。扬马是我们两个班跑马以来，参加人数最多的一次跑马聚会，一共有十几个同学参赛、助威，赛前还一起在周边游玩，是一次名副其实的带着跑鞋去旅游，真的很开心。

跑步一年并跑了几次半马后，就心心念念地要跑一次全马，于是又开始了新一轮的备赛。在2016成都双遗马一个月之前，跑了一次30公里的LSD，对跑全马心里多少有了点底。最后，双遗马以5小时30分顺利完赛。这又是一次两个班的跑步大聚会，十几个人参赛、加油，赛后一起游览了双遗之一的都江堰水利工程、映秀地震遗址、大熊猫基地、宽窄巷子。看到都江堰工程现在还在造福成都平原，不能不赞叹古人的智慧和其工程强大的生命力；映秀地震遗址建在漩口中学，遗址门口的石钟永远凝固在地震发生的2008年5月12日下午2点28分，以纪念映秀镇和漩口中学的死难者；在熊猫基地，看着憨态可掬的熊猫轻松地嚼着竹子，真心佩服国宝们的牙口；宽窄巷子到处是成都的特色小吃和小玩意儿，市井烟火气十足，看着很是新奇。

2016 成都双遗马聚会

在参加的几十场马拉松中（包括半马），2017北马最有仪式感，起跑前几万人在天安门广场高唱国歌，然后经过天安门，奔跑在长安街上，让每一个跑者心潮澎湃。

2018港马的三桥三隧让跑者体验了亚洲第一魔鬼赛道之虐。

2018歙县马就是在新安江畔的山水长廊中奔跑。

2018齐齐哈尔碾子山山马赛道是田协最美赛道，而长滨高中同学热情、周到的款待更让我们深受感动。

2019重马赛道平坦，比赛季节温度适宜，还有东道主李敏、张毅以重庆特色火锅强力支持。我和长滨先后在这里首次破4，看来是我们两个班的跑马福地，打算破4的同学不妨好好计划计划。

2019年哈尔滨马拉松赛事主办方为哈工大百年校庆特别组成哈工大方队，体现了对哈工大的支持和厚爱。为了这次跑马聚会，哈尔滨的同学们也是费心费力地张罗，周到热情地接待。比赛当天温度有点高，一些参赛选手跑出了自己的年度最差成绩，一些跑得慢的全马选手后来在大雨中奔跑。

2019莞马入场线路不畅，结果背包没存上，背着包开跑，硬是把马拉松跑出了越野赛的感觉。途中居然还有选手不时点赞，我只能报以苦笑。

在跑马拉松之外，我还陆陆续续参加了几次越野赛和一次百公里健走。越野赛是拥抱大自然，经常是在小路和台阶上奔跑，有的路段甚至没有路，还要不断爬升、下降，够虐。在我们这个年龄，参加20公里左右、爬升1 000米左右的感觉还可以，距离更长、爬升更大的就容易对身体造成伤害了。

2019莞马

经验与教训

跑步这几年，收获了愉悦与健康，也积累了一些经验、教训。

1.跑步明显改善了身体的健康状态。最明显的，以前静息心率是每分钟76次，现在是66次；身体耐力也提高很多，吃得比以前多，睡眠也改善了。前段时间去医院做了健康体检，主要指标都正常。有人说，跑过的每一步路都是自己的，还真是这么回事。

2.一直提醒自己跑步要做到不蛮干，不攀比，不硬挺。不蛮干就是跑步要适度适量，讲究方法；不攀比，是因为每个人身体素质不同，每个人都有自己的节奏和习惯，按自己的节奏跑，才能跑得舒服，跑得健康，跑得长久；不硬挺，就是不要太过于和自己较劲，该坚持就坚持，该放弃就放弃。来日方长，安全第一。

3.跑前热身、跑后拉伸很重要。在最初跑步一年多，一直不做拉伸，2016成都双遗马时，长滨朋友何诚提醒一定要拉伸，以后就一直在做，现在已经习惯跑后用电动泡沫轴配合拉伸，如果哪一次跑后不做，就感觉腿有点僵硬不适，不容易恢复。

4.比赛前一天吃东西一定注意，尽量不要吃最近没吃过的食物，不要吃油腻的食物，否则一旦吃出问题，轻则影响跑马状态，重则有

2019重马成绩证书

害健康。

5.跑步要用专用乳贴或创可贴保护好胸部,还要选好内裤,防止磨伤大腿。

6.关于马拉松配速,都说匀速是最好的策略,但那是对大神和专业运动员而言。对普通业余跑者来说,耐力和跑步技术与专业运动员比,都差太多。我自己体会,马拉松前半程配速比目标配速慢一点点,适当保存些体力,后半程配速就可以适当快一点点,这样先慢后快往往比先快后慢总用时少,跑完也没那么辛苦,赛后恢复得也更快。有几次就是用的这种跑法,效果不错,重马破4也是先慢后快。

7.关于跑量,有一种说法叫跑量为王,我感觉挺有道理。对于我们业余选手,跑步技术对成绩的影响远不如跑量对成绩的影响那么直接,那么简单粗暴。但也不要跑过量。去年5月曾尝试在16天内跑了10个半马,月跑量比平时增加一半,挺累,跑完好长时间才恢复状态。所以,还是要尽量避免跑量突然大增,要循序渐进。

2019年5月跑量

8. 关于跑步与音乐。我的习惯是平时跑步放音乐，只是把音乐当成节拍器，而不是欣赏音乐。跑步时就专注于享受跑步本身，感受身体的反馈和周边环境。全马参赛的时候，一般是过了 25 公里，就开始听音乐，给自己加油鼓劲，感觉还是有效果的。

2020 年 6 月 15 日于深圳

结缘哈工大

筑梦马拉松

张秀海

马拉松圆了我的美国旅游梦

我家兄弟四个,我排行最小,吃苦受累的事儿是轮不到我的。虽然小时候很淘气,但没有长跑的经历,因为太苦了。

记得2014年接到北京同学王长滨的电话,邀约一同去美国旧金山参加7月27日的马拉松,借机到美国旅游。这是我多年的夙愿,我立即爽快答应了,并顺利办完出国签证手续。长滨安排好一路行程,我唯一做的就是在哈尔滨买了30袋东北许氏大酱,在机场交给了长滨的司机。

7月21日,登上超大型飞机起程赴美。机舱是双层的,触景生情,3月8日马航370事件不时袭扰我,双腿有些发软,尽管机上供给很好,喝了很多葡萄酒和啤酒,但没有半点困意。当时想如果有高度白酒,来他二两该多好!

十几个小时的煎熬,飞机终于安全着陆,心情顿时轻松起来。长滨北大MBA的同学到机场接我们——另一位是长滨的弟弟长明。

接下来的华盛顿、纽约四日豪华游给我留下了深刻的印象。

第二天大清早,专业导游开着大吉普,带我们去"王者之城"——华盛顿,游览了白宫、国会大厦、林肯纪念堂、华盛顿纪念碑、二战纪念碑、国家广场、反思池……

国家广场位于国会大厦以西,在华盛顿纪念碑和林肯纪念堂中间,可谓是凝聚了华盛顿特区的景点精华。徒步走到林肯纪念堂路程有点远，但视野很开阔。

广场上最抢眼的就是爱运动的跑者。长滨、长明自然不会放过这难得的机会，不由分说换上服装加入其中，撒欢地跑了起来。我在广场周边转悠，广场设有露天休息亭，内有多个自来水龙头，方便洗漱，亦可直接放心饮用。街道两旁的公共设施看起来很陈旧，但敦实耐用。联想起国内的标语口号"百年大计，质量第一"。

第三天返回最繁华的世界级城市——纽约，游览了百老汇大道、西点军校、帝国大厦、第五大道、时代广场、纽交所、华尔街、三一教堂、铜牛像、唐人街……

印象最深的是乘坐港口邮船在曼哈顿及其著名的水道周围观光旅游。游船提供丰盛的自助晚餐。随着游船缓缓启航，风趣幽默、知识渊博的导游讲述着纽约市的历史和建筑。曼哈顿从上向下分成上城、中城、下城三段大区域，游船将围绕着自由女神经过纽约的各大必看景点。

我们哥儿四个上船后，便开始开怀畅饮，啤酒相当纯正，频频举杯，气氛是相当热烈，喝得是相当爽！酒过三巡，船舱内骚动起来，大家纷纷奔向甲板。哦，游船靠近自由岛了！自由女神像在夕阳下显得神圣而美丽。

游船围绕着自由岛悠然地兜着圈，继续前行，布鲁克林大桥、帝国大厦、克莱斯勒大厦、联合国总部，曼哈顿林立的摩天大厦在眼前一幢幢地移过……

7月25日，从美国的东海岸飞往西海岸的目的地——硅谷。

硅谷是当今电子工业和计算机的王国，是高科技技术创新和发展的领军者。该地区的风险投资占全美总额的三分之一。择址硅谷的计算机公司已经发展到近2 000家，国际商用机器公司（IBM）、苹果公司、谷歌公司总部等在这里落户之后，这里就成了一座繁华的市镇。

海平自斯坦福大学博士毕业后，就在硅谷成立了自己的公司，经过多年的打拼，公司成功上市，成就了自己的梦想。

我们到硅谷的第二天，在美国出差的赫峰同学赶到。自此，旧金山马拉松6人小分队——海平、长滨、长明、赫峰、全毅卿（海平的亲戚，在硅谷工作，也是哈工大毕业生）还有我，正式成立。26日晚入住旧金山马拉松起跑

点附近的宾馆。27日清晨参加马拉松赛。

这对我来说绝对是大姑娘上轿头一回。尽管这段时间每天早晨跟着长滨晨练，但明显力不从心，属于滥竽充数的那一个。要不是长滨不断鼓励，可能早就放弃了。

一切都令人感到新奇。起跑点人头涌动，人声鼎沸，引得我也非常兴奋，但也夹杂着忐忑和不安。很快，队伍出发了，拥挤的人们争先恐后向前跑。海平一直陪

着我，不时安慰我。不久我呼吸困难，跑不动了。劝走海平，我开始大步地走起来。不知不觉中融入了开走的队伍。我发现这里有年轻的母亲带着孩子跑的，有结伴边说边笑边走的，有七八十岁的老人小步颠的，顿时感到轻松起来。听说旧金山马拉松因为坡多、坡陡而位列全球十五大最难马拉松，我却丝毫没有感觉到，因为半马线路沿着海边，经过渔人码头、金门大桥、金门公园等重要景点，我边走边欣赏边拍照，尽情地享受着徒步旅行的乐趣。三小时半马关门的时间到了，终点就在不远处，我加快步伐，连走带跑，终于与翘首等待多时的同学们聚齐了。

  首马的感想：1. 参加马拉松不必为时间和地点纠结，随时做好出发的准备；2. 各城市举办马拉松都是选择在当地最佳时节、最美路线进行，借机玩几天是不二的选择；3. 参加马拉松是同学好友聚会的最好机会；4. 参加马拉松使我们的生活丰富多彩，增加见识，有利于身心健康；5. 心中有

目标，坚定信念，迈开步子向前，每一步都是进步，在马拉松的赛道上能体会到人生的真谛。

返回硅谷当晚，我们到了一家东北人开的中国餐馆。餐厅很大，绝对放得下十几张桌子，餐位爆满。来时给长滨买的许氏大酱，我留下两袋放在包里，竟然顺利地带到了美国。当我拿出来的时候，哥几个乐坏了，要知道小葱蘸大酱可是咱东北人的最爱啊！我记得跟老板要了一大把葱，全部吃光了。

参观海平的公司，四层大楼有两层是员工办公场所，每层都有宽敞的大厅，隔离出不同的办公区域，看到众多不同肤色的员工，深信国际化的公司一定是由全球优秀的人才构成。他们衣着随意，专注着各自的工作，全然不觉我们的存在。其中有五六个科研人员席地而坐，围绕着一块黑板在研讨。海平的办公室不大，首先映入眼帘的是足球、球鞋和袜子。据海

平讲，有一次参加董事会，他上身着衬衣领带，下身穿着大裤衩。这就是海平几十年不变的风格。

作为特约观察员，我随海平、长滨视察了有他俩投资的四家科技公司。其中有一家就是开发无人驾驶汽车项目的。工作场地不大，有些凌乱，二十几位科技人员，明显有些拥挤。现场有台汽车，安装着各种测试设备，正在进行着各种试验。据我所知，大概过了有两年的时间，世界各地不少城市街头就出现了无人驾驶的汽车投入运营。这就是硅谷的效率，硅谷的魅力！

海平买了一大堆海鲜请哥几个到他家做客,螃蟹又大又鲜。赫峰亲自下厨做的酸辣汤倍受欢迎,竟然没够喝。海平家的二层别墅在山里的山坡上,在这住了一宿,别样的感觉,很享受。同学同吃同住,多么熟悉的场景,只是今时不同往日了……

　　7月31日,海平特意安排了一台加长大林肯车为我们送行。

　　母校百年华诞,我们1980年入学,恰好四十周年。同学是缘分,人生在世,不念过往,不畏将来,随缘就好。

2020年6月21日于哈尔滨

结缘哈工大　筑梦马拉松

王海林

生命不息　运动不止

我从记事儿起就知道自己身体羸弱，还有严重的气管炎，如此说来现在的"妻管严"是那时留下的病根儿。稍大时因家里孩子多一铺炕住不下被送去姑姑家和表弟们一起住。后来姑姑跟妈妈说我气管炎太重了，晚上睡觉喘气像拉风匣似的。从家里到生产队的距离也就百米左右，那时咋感觉那么远呢？与姐姐同抬一桶水都气喘得不行，中间要停下来歇几气儿。与同龄或比我小的同学、伙伴儿们打闹玩耍总是处于劣势甚至挨欺负，"打得赢就打，打不赢就跑"是不可能的，因为跑也跑不赢。

但不知为什么，从小学到中学我断断续续地当了几次班体委，或许是因为我学习成绩不错得给个班干部当当，但班长、学委还够不上的缘故吧，又或许是老师为了鼓励我加强运动、强身健体。刚入大学时辅导员程建华老师让同学们报自己在高中阶段当过的班干职务，好考虑班干人选。我不知哪来的虎劲儿，又报了体委。然而即使当了体委也不合格，在学校、系里的各项体育赛事中成绩平平，更耽误了不知多少铁成同学这样的好苗子。虽如此，自己倒是得到了好处、受到了激励——班里一帮体育棒子，如金海平的短跑＋足球、王长滨的中长跑＋足球、张秀海的短跑、张帆的短跑＋跳远＋游泳、梁列至的短跑＋跳远、李克准的足球＋篮球、刘亚彬的中长跑＋篮球、曹春林的中长跑＋跳高、车建明的中长跑＋乒乓球、向树红的乒乓球+游泳，等等，真是高手如云各有所长，逼得我这个体委不敢怠慢，更不甘落后，正所谓"打铁还需自身硬"，否则既没面子，也对不起老师和同学们。因此从大学开始，随着不断参与各种体育运动，我的体质得到了很大提升，更因为各项体育活动都得组织落实而和班里的各路运动高手打成一片——他们很多方面都强过我，但仍能给予我最大最无私的支持，让我不仅收获了深厚的同学情谊，更获得了自信。2019年哈马庆祝晚宴上我表达过：选择哈工大，选择做80级八系的学生，是我这一生最好最正确的选择。

有了大学时期打下的爱运动的良好基础，毕业后一直没有间断过体育锻炼，在选择居住环境时更是特意选在大学校园里，因为这里有各种各样完备的体育设施。春夏秋可以踢足球、打篮球、打网球，冬天能滑冰、打乒乓球。我是个胸无大志的人，在同学们走向社会为理想为事业奋斗的时期，我是该玩儿就玩儿、想玩儿就玩儿。这样持续运动的结果是我始终保持了体能和竞技状态。

读研时有幸接触到了网球运动，但苦于没有这方面的老师，而且，即使有也请不起。承蒙戴铁成同学送了我一本《怎样打网球》的书，如获至宝。毕

业后参加集体运动项目不方便时就以这本书为师,逐渐摸到了些门路。有人说"网球是绿色鸦片",一点不假。一旦上手了能和球友对打时就会上瘾,一遇到好的天气或看到网球场地就忍不住心痒。

哈尔滨地处祖国边陲,网球运动发展比较落后,网球场地少,网球爱好者也少。因此我的网球球友都是在球场上认识的,经过时间的过滤,十几个有共同爱好、品行接近的球友自发组成了小团体,因为年龄的缘故他们都尊称我为大哥。他们很多人年龄比我小十到二十几岁,但因为我大学时期打下了良好的身体基础,毕业后又常年坚持锻炼,所以虽然球技不如他们,但体力体能却完全不输给他们,甚至还向他们靠拢,从他们那儿学会了单板滑雪。除了打球滑雪,球友们每年都有多次聚会,家人们也参加聚会,俨然一个大家庭,使我又收获了

一份友情和亲情，这是我的又一个一生不离不弃的友情集体。

　　我的女儿从初中开始，由于我和夫人的疏忽开始发胖，体重最高时快170斤，我和夫人真的很发愁。那时我们80级八系已经有了跑步群，为此我鼓励她带她一起跑步，以期能把体重减下来，但在跑道上没跑三圈她就不干了，任凭你跟她急跟她吵都没用。也是，我们这个年龄跑这么多年还会觉得枯燥觉得苦呢，何况年少的孩子。上高中后我们还在努力让女儿减肥，但一切的改变源于女儿自己的认识和自我觉醒。当她意识到身材和美丽的重要性后开始节食并尝试跑步。在夏日上完课的午后自己一个人去学校运动场跑步，某一天跑完打电话让我猜她跑了多少圈，她竟然一次不停歇地跑了21圈。那时我别提有多高兴了，高兴的是女儿减肥终于有了决心和恒心，更高兴她能吃得起苦了。功夫不负有心人，女儿真的减肥成功。她如今即使是走在美女如云的中央大街上也有很高的回头率。一个人的好身材对自信心的提高和气质的培养有很大的帮助，尤其是女孩子，爱美的女孩子。

　　因为自己喜欢运动并因此受益，在与朋友们的晚辈男孩儿交流时常常鼓励他们要热爱运动，这样才更阳光，更有活力与激情。记得我们的李志杰同学当年就是校篮球队的组织后卫，人长得帅，篮球打得更帅。某天晚上我没事儿去学校体育馆溜达，正好赶上校篮球队在训练，于是在场边观看了一会儿。其时志杰在三分球弧顶拿球,然后往右前方运球突破,吸引了对方的球员过来防守,就在我凝神准备学习他怎么突破上篮时,只见志杰微微侧身,神不知鬼不觉,一个背后传球给了左侧底线无人盯防的队友,传球线路又长又精准,那个队友也不辱使命抬手命中。我在一边看呆了,心里暗暗喝彩:"帅!太帅了!"这一情景至今历历在目,是志杰这种善于运筹帷幄甘于奉献的全局观深深打动了我。这么帅的志杰不只吸引了本校女生的眼球,还吸引了外校女生,那时总有一个自称他"表妹"的外校漂亮女生来看他——后来这个漂亮女生成了"志杰夫人"。这是我们两个班最美的爱情佳话之一。

说起跑步尤其长距离跑步,最早可以追溯到读研时期。那时谢卓伟同学住在我的对面,记得有两件事令我对他刮目相看并肃然起敬:一是他每天晚上对着录放机叽里呱啦地学习德语,非常专注非常投入;二是春夏秋的早上他一个人去运动场跑步,跑得还很久很远,这让我十分佩服与敬仰。可能是受老谢的感染,同寝的长滨、邱志军大哥还有祝效国和我也开始晚上结伴去运动场跑步。随着体能的增强和跑步距离的加长,只跑运动场感觉不过瘾了,有几次沿着校环城接力赛的路线跑,我们几个第一次的万米就是那时实现的。

说起跑马拉松,我是最近水楼台的。2011年6月底我和长滨结伴去西安,那时长滨已完成"戈6"。聊天中谈到秋天即将在北京举行的国际马拉松赛事,有半程马拉松项目,问我有没有兴趣一起去。长滨的动员与领导能力,同学们是有目共睹的,当天我俩就决定先在西安的古城墙上跑一圈试试。夜晚的古城墙上游人已经散去,但各个塔楼和城墙边上的红灯笼发出的光依然照亮着那里的一切,幽静整洁的石板路泛起迷人的微光吸引着我俩前行,13.7公里——在2011年6月29日那个美好的夜晚,我俩跑走结合共同完成了。由此坚定了我参加北京半程马拉松的决心。回到哈尔滨后开始训练,一训练才知道连续跑长距离不是那么容易的,但既然报了名又有长滨的邀约只好练下去。由于时间短,我又要兼顾网球,到赛前我连续的长距离只跑到14～15公里。2011年10月12日早上,我和长滨共同站在了天安门广场,站在了北京马拉松的候跑区里。第一次参加这样大型的国际赛事,看着身边矫健的身姿,个个摩拳擦掌群情激奋,自己也跃跃欲试,心情别提多激动了!发令枪响,参赛者的情绪达到高潮并转化为奔跑的力量。跑者们从广场出发跑向西长安街,大家都安静下来专注自己的脚下与前方,宽敞的道路两旁挤满了加油喝彩的热情观众,整个西长安街成了跑者和观众的海洋,无比的壮观与珍贵,那场面令人终生难忘。

由于训练不够,跑到第17～18公里时苦头找上来了,先是膝盖外侧韧带钻心地刺痛,接着髋部外侧韧带也开始疼起来,疼到忍不住时只好停下来走,后来发现不止疼痛限制了奔跑,两条腿的肌肉完全失去了弹性,感觉自己的腿像两根木头棒子似的。就这样跑一会儿走一会儿,忍痛和长滨一起到达了半程终点。长滨是因为补给不够(半程补给区不给力),加上要照顾我才这样的。赛后,爬楼梯、坐到火车的铺位上和翻身都惨相百出,也吃尽了苦头。

第一次落败后,有点儿灰心,也是吃不了苦,加上网球和网球球友在吸引召唤我,跑步就又基本荒废了。直到2013年又和长滨一起参加北京马拉松,这次我依然报半程,而长滨已经站在了全程的起跑线上。不付出辛苦和汗水想取得跑马的顺利完赛只是我的妄想,2011年的惨痛经历又重演了一遍,当半程即将结束,望着长滨跑向全程的伟岸背影我暗暗发誓。且慢!列位看官一定以为我要以长滨为榜样像他那样将来也跑全程吧?恰恰相反!我发誓自己将来一定不跑全程马拉松,半程都吃了这么多苦,那后面的半程不得都是吃苦吗?我才不干呢!这就是我当时真实的心理活动。

转眼到了2014年,海平邀请国内的同学们去美国旧金山跑半程马拉松,这个适合我。办赴美签证由于我自己的过失连续三次被拒签，第一次被拒签告诉海平时，他在美国急得直接把电话打到了美国驻沈阳总领事馆，问为什么拒签我。这次虽然没能和同学们一起欢聚旧金山，但海平满满的同学情谊一直让我无法忘怀。

随着80级八系两个班跑马队伍的不断壮大，热爱跑步的同学们几乎每天都在跑马微信群里出现，或汇报自己的跑步成果、分享参赛经历，或相互鼓励、关心彼此的状态与伤痛。"总舵主"长滨一面带领、鼓励大家跑步，一面送我们不曾见过的跑马宝典和装备，还不失时机地为我们普及跑马注意事项，科普全球马拉松六大满贯赛事。

他还身体力行地把我们都往全程马拉松的路上带。我曾经是班体委，现在有长滨这样的好带头人，我若不支持他的工作就是拖整个集体的后腿。于是我和海平、长滨一起报名了我人生中的第一个全程马拉松——2015年柏林国际马拉松。

后来长滨因为工

作离不开没能成行，我和海平及长滨的好友一同参加了这届的马拉松。这是我的第一场全马，也是至今为止我走得最少、跑得最轻松愉悦的一场全马。赛后由长滨的好友带领我们一路穿越德国的明信片小镇，尽享异域风光。这次全马之后，我又陆续参加了国内各省市的马拉松赛事，每一次都能和各地来的同学们欢聚两三天，然后依依不舍地分别，相约另一场马拉松赛事。在长滨的引领、关爱和鼓励下，现在我已完成四大满贯赛事：柏林、纽约、伦敦和芝加哥。

我这个人有惰性、怕吃苦，我喜欢的运动多是球类，因为有乐趣。若不是"总舵主"长滨常举鞭子、同学们鼓励关心不放弃我，我恐怕很难一直坚持跑步。坚持的结果让我跨界地悟出些经验：跑步运动是无可替代的。我最喜欢的网球打起来确实很爽，但运动结束后却有很强烈的疲劳感，犯困、肌肉酸痛不易恢复，对膝盖也有损伤，爬楼梯时会有较明显的感觉。跑步就不一样了，跑后身体轻松，头脑更清醒愉悦。坚持跑步我会感觉体力更好，腿部肌肉有弹性，打网球时体能更充沛。自由奔跑让我感觉到年轻有活力。为了健康，为了同学们的深厚情谊，我要继续坚持奔跑，继续和亲爱的同学们一起奔跑！

2020年6月于哈尔滨

结缘哈工大

筑梦马拉松

徐荣棣

爱运动的我

20世纪六七十年代，各家的孩子比较多，家长也管不过来，孩子们基本不学习，多是散养长大的，是在疯狂的玩耍中度过童年和少年时光的。我小时候居住的环境里同龄的孩子特别多，每天都在奔跑、打闹、戏耍，甚至打架，那时候孩子们打架秉持的战略是"打得赢就打，打不赢就跑"；院里还有一位老红军每天早上带着我们跑步，无形中激发了我的运动潜能。从小学到高中我都是学校运动会的积极分子，高中还是体育委员（这也是一生中当过的最大的干部），而且高中两年，在学校的百米赛中均是亚军。

在所有运动中，我最喜欢两个项目——踢足球和打乒乓球。上大学和读研时，一年365天，差不多有200天在踢足球，受伤无数，大脚趾的趾甲经常"推陈出新"。直到走上工作岗位，算是正式挂靴。乒乓球运动是从上小学开始的，除了大学和读研期间中断了七年，一直延续至今。

说起乒乓球运动，它是伴我一生的运动，是真正的终身伴侣，真是好处多多！它让我体验到了运动的乐趣——随着技术水平的提高，不断战胜一个又一个对手，内心充满胜利的喜悦，极大地利于身心健康；它让我结交了很多朋友——通过切磋球技、通过比赛、通过赛后聚餐交流，让我感受到了人世间情意暖暖，从球友到朋友再到挚友，一步步升华；它还让我学会了如何做人——球友的性格、品行、职业各有千秋,去糟粕,取精华,让我知道什么是做人的大气、豁达和包容,坚守承诺,付出不求回报;当然,乒乓球运动也让我增强了体魄,同时也让我养成了乐观的心态,树立了永不放弃、不服输的信念。

2014年我们80级八系同学掀起了一股马拉松热潮,开始是王长滨(后被称为"总舵主")牵头,王海林紧跟,随后是孙柏春、张立凯、富宏亚、谢卓伟等陆续加入跑马大军。看到他们每天训练、晒数据和参赛照片,我心里直发痒。可是我当时患上了严重的腰间盘突出,

乒乓风采

连走路都困难,大夫说我必须做手术,不然就告别所有运动了。我胆小,怕手术后瘫痪没敢做,一直静养。直到2017年春,听说要在哈尔滨举行马拉松比赛,同学跑步群里,个个摩拳擦掌、跃跃欲试,准备到我大哈尔滨来个跑马大聚会。我是真的受不了这个刺激,作为东道主,我怎么能缺席呢?虽然当时我的腰病还没好,但我还是咬着牙报名哈马的半马,并加入了同学跑步群。可是进群后才发现,这是上了贼船了。群里的气氛太热烈,点赞、送花、送啤酒、送西瓜,不花钱的各种"云送"一直不断啊!让你都不好意思不训练。要么训练,要么退群,我只能硬着头皮干了。在同学们的鼓励下,我尝试跑步。记得第一次跑步是孙柏春和王海林带着我,跑了六七公里,跑完腿不会打弯了,膝盖疼得厉害。当时真想放弃了,但同学们还是一如既往地热情地鼓励我,特别是远在杭州的张帆,一直关注我、提示我,与我同跑为我加油助威。久而久之,同学们在未经冯小刚允许的情况下,给我们起了

个爱称:"徐帆组合"。

这时才发现,上(跑)道容易下(跑)道难。跑马团队诞生以来首次出现的组合,千万不能掉链子啊!再说了,放弃也丢人啊,另外我报名还交钱了呢,不跑钱不是浪费了吗?不行!还得接茬干!

就这样,经过三四个月的刻苦训练,终于在第一届哈尔滨马拉松比赛中顺利完成半马。顺便再吹两个牛:一是我在我们同学里本届半马成绩第一;二是首届哈马央视直播,我和张帆幸运地上了电视,为"徐帆组合"添上了厚重又光辉的一笔!

这不仅是一场马拉松赛事,更是一场同学相聚的盛会。同学相见格外亲,欢声笑语不断,推杯换盏,觥筹交错。

"徐帆组合"哈马合影

这些年过半百的老孩童仿佛回到了大学时代,幸福洋溢在每个人脸上。另外我还有一大收获,跑步期间腰一直没犯病。看来人体很顽强,具有很强的自愈能力!

在这之后,我在乒乓球球友里组织了一个小型跑群,几乎每个星期都去太阳岛训练。如此良性循环,我觉得自己应该可以成为一个真正跑者了。

可是天有不测风云,在一次体检中查出我的

哈马完赛自拍

肾功能出了问题，大夫说肾病不可逆，以后不能剧烈运动了。我的跑马梦想再次破灭！此后我再也没有跑过步，乒乓球运动也是时有时无，身体每况愈下，精神状态大不如前。而同学们

乒乓球球友跑步合影

一如既往地坚持训练、参赛，我再次从参与者变成了旁观者，从运动员变成了啦啦队员。

2020年5月，同学跑群传来消息，2020年6月7日我的母校哈工大将迎来百年华诞，学校要在这一天组织一场"哈工大之光——线上奔跑挑战赛"。这一消息又激起了我的参与热情，作为哈工大的一名学子，为母校庆祝百岁生日，是多么难得，用线上奔跑的方式来祝愿母校奔向新的更大的辉煌，是多么荣耀啊！

班长孙柏春发布集结令，同学们热情高涨，80级全系近半数同学报名参赛，当然不能落下我，我报名参加百公里团队的6.7公里。可是我已经很久没有运动了，能不能跑下来，心里真没底。但是，临阵逃脱不是我的性格，况且有同学们做我的坚强后盾。这个时候同学跑步群又开锅了，各种鼓励层出不穷，这回花样更多了，除了送啤酒、西瓜、鲜花，还送奶（是一坏小子别出心裁），同学们的训练次数和公里数也都在增加，可苦了我的右手食指了，大半夜经常起来点赞，手指都要出茧子了。

2020年6月7日早，我们按着约定的时间来到太阳岛太阳石处，孙柏春、富宏亚、王海林、张秀海和我五个人合影留念、热身，等待那无声的枪响。

太阳岛合影

北京时间6:00,哈工大80级八系24名平均年龄超过57岁的勇士在世界各地同时出发,奔跑,完赛!我们用这特别的方式共同庆祝母校百年华诞。祝母校生日快乐!愿母校再创辉煌!

这就是爱运动的我!

我爱运动!我还要坚持运动下去!

2020年6月于哈尔滨

结缘哈工大

筑梦马拉松

曹春林

跑马"散"文

平时爱写点东西，但都不长。一长就跑题儿，拉都拉不回来。女儿上小学时是班长，常有发言的机会，老师要求家长给写发言稿。孩子找过我两回，发言稿都被退回来了，改了两次才通过。到第三回孩子就不找我，直接找她妈去了。

想知道她们娘俩是怎样评价我的吗？先不告诉你们，怕说早了你们就不看我的文章了。

1."群论"

我平时怕出头，但很喜欢凑热闹。2011年，在美国工作的克准突然打来电话，问我为什么还没上微信，大家都上了，里面交流很方便，可热闹了。我一听马上心痒痒了，但等买到新手机，同学群已经交流了几个月了。

群里果然热闹无比。以前偶尔打电话、发邮件才能联系到的老同学们大都在里面。大家互相问候、交流信息和开玩笑、打趣，满屏幕都写着亲切、温暖和开心。我说这里有当年在教室里做课程设计、同学们挤在一起的感觉。大家也有同感。

入群时间不长，美国的海平引进了"舶来品"运动项目——平板支撑。长滨立即响应，当时北京有人已经在练了，很有挑战性，很有意思。于是大家都热火朝天地练起来了。想想看，一群小老头趴在自家的床上、地上，浑身颤抖着体验腰酸腿疼带来的刺激，该是怎样的一个画面啊！不明就里的看见了还以为这男的在外面犯了多严重的错，在家挨了这么重的罚。

单次时间最长的好像是柏春和长滨吧。柏春已经能坚持到七八分钟了。1米8出头的大个子，体重也不轻，抗弯能力够强了吧！

平板支撑繁荣的时间不长，因为被另一项运动——跑马运动给替代了。大约是2011年，长滨和海林一起跑出了他们人生中的第一个马拉松。然后，长滨、海平等鼓励大家，人人都可以跑步，都可以参加跑马，40公里不是遥不可及的远方。而且，更重要的是，我们，还都很年轻！再然后，跑马群建立起来了，跑马队伍越来越壮大，赛事也一个一个被引入。一年年过去，跑马成了80级八系的名片，参赛率、跑步人数、跑量，808跑马群笑傲江湖！

长滨、海平、柏春、海林……他们是跑马群的发起者和骨干。他们身上众多优点中，最突出的是喜欢新事物，喜欢挑战、竞争，而且关键时刻能咬紧牙关、不服输的品质和精神是他们对跑马群的贡献，也是他们人生成功的关键。

领跑者给大家开辟了新视野，让大家的生活有了更多的正能量，也有了以跑马名义筹划的聚会和以聚会为主题的跑马。其中，两个班的班干部和东道主的付出和贡献是巨大的。俺班的秀海班长，书记姐朱彬，3班班长柏春。特别是柏春，热心于集体活动，联络、召集、组织等费心烦琐的工作，他都能做到细致入微，从不怕麻烦。而且，他本人就是个跑步狂热分子，群里活动正常开展并一直保持很高的热度，他真的是居功至伟。其实，一开始他跑得真不咋样，个子挺高但步子老迈不开，给人踩脚干着急的感觉，但现在，群里的水平普遍提高了，他自己的进步更明显，跑得老漂亮了。

还有柳队（二队队长，兼随队记者）。其实她不是八系的，她是管院的，是我们跑马群谢卓伟的夫人，名叫柳宏秋。她平时也喜欢运动，跑个六七公里不在话下。跟老谢参加过几次我们的活动后，就被我们发现了，她不仅腿脚快，手上功夫更是厉害。她的文章写得真好，又快又漂亮。她把大家洒落一地的汗水收集起来，笔杆子一挥，便成了珠光闪闪、值得保留的艺术品。让你看了一遍还想看第二遍。以前是求老谢，让他去求夫人为我们捉刀。后来大家便一致民选谢夫人为我们二队的队长。自己的队长为队员们写东西，应该的呀，还用谢吗？

群里还有很多铁杆分子，跑马群从未冷落过，始终热热闹闹，而且逐渐形成了自己的地域特点。比如北京的"快"，戴铁成和舵主（长滨）的速度一直在众人之上；比如哈尔滨的"众"，柏春、宏亚、海林、荣棣等经常三五成群地到江边拉风；比如广东的"标准"，广州（卓伟）10公里，深圳（立凯）12公里，抬腿便是，100年不变；又比如杭州的"专业"，张帆和亚彬经常和半专业的高水平跑团一起训练，水平提高很快。

一群老炮的跑者经历都很精彩，但让他们自己讲吧。

2. 说说我自己

我从2014年开始跑步。

我上学时身体不算好，倒是一直坚持跑步。那时的晨跑，也就是4圈吧，不到2公里。上班后跑步就停了，只是打打篮球、排球什么的。运动少了很多。出国后，除了打打太极外，基本就没有活动。我血糖高，家族遗传的。一开始我没太注意，直到一天，到楼下散步，看到一群当地孩子在踢小足球，便上去也玩了一会儿，结果没几分钟便被一个波兰"熊孩子"撞了个跟头。当时也没当回事儿，但跑了没几分钟又摔倒了，腿沉甸甸的，自己拌蒜了。这才有点害怕，去看了医生。医生说这是血糖太高和较长时间缺乏锻炼导致的，给我开了药并建议我平时多活动。

我从2013年开始走步，晚饭后散步半个多小时，偶尔还打打太极。坚持了一段时间后，大夫说我身体要比以前好了一些。这时候跑步的同学们渐渐多了起来，长滨、海林和海平都劝过我跑步，但当时我没敢想。50来岁多年不跑的人了，还行吗？再说，他们跑得也太吓人，几个小时几个小时地跑，不要说让我跑，让我坐那儿连着查5个小时的数我都做不到。但他们不死心，不断鼓励我能行。以这几个家伙的智商，要想让我上套办法还是很多的。他们说你先试一试，我就试开了，从此上了贼船，一直没下来，因为群里太热闹，舍不得出局，更重要的是从跑步中尝到了巨大的甜头。谁敢动我的奶酪！

一开始在操场上只能跑上半圈，歇一会儿再跑，倒也能坚持个半小时。后来渐渐习惯了，腿也有劲了，半年下来我就能连跑半小时，4公里多一点儿了。后来就能跟上群里的中等跑量了，最多一次跑了15公里！据大神们说，拿下这个量，就可以跑半马了！

以前去大夫那里总是我追问他血糖控制问题。近些年再去，他在检查完后倒是常和我讨论一些跑步问题，如何控制跑量、做拉伸活动等，好像不是我去看大夫，是他看运动专家。

这一段好像没太跑题儿。不爽，不过瘾。小跑一段。

1982年，八系开了一届系内运动会。架不住班长和体委的软硬兼施，我报了5 000米，心想反正这个不太要速度，自己还有点长跑底子，相对好办一点。但对于到底能不能跑下来，心里真是没底。没想到的是，我竟然拿了第一名，没错，第一名！不仅其他人没想到，我自己也没想到。后来呼吸平稳后我自己总结了一下。

第一，平时的跑步没白坚持，跑起来腿不软。

第二，系内运动会，各班的运动高手大多兼项，恨不得从100米跑到5 000米，等真到了跑5 000米的时候，他们已是强弩之末。而我，守株待兔，以逸待劳，占尽便宜。

Last but not least（当年雅思作文常用句），把持系运动会大喇叭的男女播音——系里的文宣骨干李秀芬和梁列至都是我们8081班的。当他们看到自己班的老曹有希望抢到第一时，就忘掉他们是全系的播音员，应该公平公正了，转而疯狂地为我一个人加油。先是老梁喊起来："加油！我们的老曹！"接着是李秀芬喊："我们的老曹，加油！"声音丝毫不比老梁的低。你知道，那个年龄，当一个女生大声对你喊"我们的老曹，加油"的那种杀伤力……快到终点了，本来我已经接近跑崩，但他们的呐喊给我增添了无穷的力量（后来知道，这种力量叫作洪荒之力）。终于，我冲到了终点，拿到了我的第一个，也是迄今为止唯一的一个跑步第一。

3. 校庆团体跑

跑步这么长时间也没参加过正式跑马，什么牌也没拿过，说起来有点丢人。

当听到校庆有团体赛的时候，我立马决定报名了，而且报了两个队——我们八系跑马二队和多伦多哈工大校友队。一来可以在母校的生日里向母校表示祝贺；二来可以以自己的汗水为团体在学校活动中做点贡献；三嘛，可以有张正式的跑步证书和牌牌（谢谢沈阳校友，牌子真漂亮）。

以下是两次参赛跑马那天的日记。

2020年6月4日

今早8点多，今年第一次出门跑步。疫情发生后的第一次室外跑。外面天气正好，出发时 18 ℃，天晴。

街上人也不少。骑车的、跑步的、健走的都有。他们都没戴口罩，途中还看见几个推孩子的妈妈，她们也不戴口罩，可今天的新增病例是 356 啊！

其实今天体力和精神都不是很适合跑步。昨天喝了杯凉牛奶，有点腹泻。但还是咬牙跑了。明天有雨，怕是不能出来跑。而 6 号（国内的 7 号）还要参加 808 跑团的团体跑，那个是必跑的。就今天吧。坚持！

沿着马路两次折返跑了 7 公里。本来是按 6.7 公里跑的，忘了按停，跑过去才想起来。扣除停牌减速和两次帮别人捡网球，平均不到 6 分钟。还不错。

2020 年 6 月 6 日　　　　　　　　新增病例 455　气温 19 ℃

……偷着溜出家门是不行了，就跟老婆说了今天跑步的重要性。她说行，但只许去操场，还要和我一同出来，帮我查看周围有没有危险因素。正好，还能帮我照张相留念。

还好，开车的路上人很多，但运动场人并不多，有几个大学生在踢球，浑身肌肉，肤色健康，一脚能把球踢出老远。真羡慕他们。

约定好了 6:07 和国内的同学以及在美国的海平同时起跑，下午 5 点多我到了操场。热身，压腿。下午的操场阳光不太强，恰到好处。天气很晴朗。感觉真好！美中不足的是风稍微有点大。

照了几张相留念。喜欢这张站在数字 100 旁边的照片，和百年校庆很搭。

百年历程　始于脚下

哈工大万岁

准时开跑。今天找到些感觉。中间过程维持在5分半的速度,不累,很舒服,比较轻松地完成了6.7公里。还想再跑一会儿,老婆示意我赶紧下来。此刻周围人已经多了起来。原来一会儿有个训练比赛,马上就要开始了。我们马上撤了,球也没敢看。不过今天还是很爽,完成了预定目标,心里轻松了不少。

为校庆完成6.7公里

4. 两首小诗

诗一

大家约好北京时间6:07开跑后,都很激动、期盼。到时候,东南西北,海内海外将会同时响起哈工大人奔跑前进的脚步声。我为我是哈工大人自豪!

咬住青春不放松,立根母校坚石中。

功夫到家身犹健,任尔东西南北风。

诗二

有几个南方的同学是在雨中完成跑步的。重庆的，广州的，深圳的……有些遗憾的是，大雨中没能留下更多、更清晰的照片。

汗水不断地被雨水冲刷，

我的泪水随着这雨水一同流下。

多想也冲进这雨中，

追随你们踏出的水花，

然后风雨中纵情大喊——

我们回来了！哈工大！

生日快乐！妈妈！

8081 班李敏

5. 答案

好了，就到这里吧！

一定想要知道老婆和孩子是怎样评价我作文的话，那我就告诉你。

老婆："啥水平啊！洗碗、做饭都没用你，忙活半天，几页纸的东西你咋又跑题了！"

女儿："爸，我们老师说了，还要你改改。"

2020 年 6 月 14 日于多伦多

结缘哈工大　筑梦马拉松

戴铁成

马拉松和我

1. 挖掘未知的潜能

从来就没幻想过自己有朝一日能够参加马拉松比赛。跑跑跳跳,和邻居大院的小孩儿嬉笑打闹追逐,早已是学龄前的零星记忆了。小学和中学每年的运动会都是一件开心的事儿,因为不用上课了。但我往往只是一名观众,偶尔在老师的直接点名下,硬着头皮参加百米跑、铅球、跳高等项目。最好的成绩也只有三等奖,从没得过第一。

我于1980年考入哈尔滨工业大学。在那个年代,上大学是改变命运的出路,考上大学就是天之骄子了!揣着无数的梦想,我住进了学生第二宿舍。那是个知识极度缺乏的年代,为了在2000年实现"四个现代化",大家都在如饥似渴地学习。体育设施缺乏,跑步似乎是仅有的锻炼身体的选项了。虽然宿舍离运动场不远,但跑步和我也是基本不沾边。记忆中只剩下在寒冷的冬天的大清早,常常被住在隔壁的体委海林同学掀开被子叫着去出早操,他拎着耳朵教育我——为祖国健康工作50年。我常常是赖在床上不起来,偶尔极不情愿地起了床,洗把脸,穿上棉袄棉裤棉鞋,没有任何热身活动,直接跑向学校运动场,尽快绕场两圈,心还在怦怦地跳着,就已经跑回了宿舍,算是完成了任务。体育课也是草草应付,凭借着自身素质不错,体育考试都是优秀。记得有一个体育考试项目要求完成 20 个引体向上才能达到优秀，可我一个都做不了啊！每天早起去练习单杠，手都磨出了茧子，终于在考试前能够完成 20 个了，觉得自己的身体都变轻了，看来人还是有潜能可以挖掘的。读研究生时，有一次班级接力赛，每个班选 10 名同学，每人完成 400 米，我被赶鸭子上架，前 300 米跑得飞快（自我感觉），超过了 2 名选手，最后 100 米左右，身子向前抢，可腿就是不听使唤，要不是长滨、海平、海林等同学拉扯搀扶着把我拽过接力点，我肯定跌倒在地上啦。

2013 年女儿上大学暑假回来，送给我一只 NIKE 手环。戴在手腕上，再下载一个手机 APP 后，就能够记录步数和消耗的热量，还能记录跑步路径和运动时间。这在当时还是个新奇的东西。看着自己一天天发福的身体，觉得应该运动运动了——当然是走步。

真正意义上的跑步是从 2013 年杭州同学聚会开始的。当时海平从美国到杭州，热情的"地主"张帆和亚彬邀请全班同学到杭州一聚，结果全班 20 多名同学基本都聚齐了，环西湖跑是聚会的开始项目。一队老头，穿着统一定制的鲜艳的黄色短袖运动衫，冒着大雨，跑过长堤，成为那天早上一道亮丽的风景线，引得雨中的游客纷纷拿起手机拍照。大学毕业后基本没有锻炼过，尽管跑得很慢，但也完成了近 10 公里的环西湖跑，后面一两公里还是连走带跑的。跑完第二天，膝盖、胯关节都动弹不得，住在宾馆二楼，下不了楼梯，走路一瘸一拐的。尽管痛苦，心里还是挺骄傲的，毕竟能让几个班干部陪同完成环西湖跑，成了环西湖跑的"五虎之一"，荣幸啊——终于有机会和班干部们一起合个影了，哈哈！

从杭州回来后，看着总舵主长滨和海林跑得轻轻松松的，就下决心把走步变成跑步，减掉一身赘肉。北京的奥体公园是跑者的圣地，分南园和北园，中间相连，每个园一圈 5 公里；北园游人少，就先去北园跑。

环西湖10公里完赛合影

2013年12月，完成5公里的北园一圈需要35分钟，要走1~1.5公里。到2014年10月，终于可以不用走了，连续跑完北园一圈用时二十六七分钟。慢慢地，跑步融入了日常生活，不再那么挑剔场地了，家附近的体育场绕圈也不觉得乏味了，小区大院的公路也变得可以接受了，进步明显的是2015年5公里跑可以在25分钟内完成了。看着八系跑马群里大家热火朝天的跑步热情，以及不断有人参加各种马拉松比赛，我也想挑战一下自己的潜能，2015年底前终于在50分钟内完成了10公里跑！对我来说这是一个里程碑。以前只在电视转播中看王军霞的万米跑，当时觉得这怎么可能呢，而且在运动场跑20多圈得多么乏味呀！怎么也没想到有一天自己竟然也能一口气跑个一万米！一个人有多少潜能真的是未知的，只要挖掘，不可能也许就会变为可能！

2. 80 级八系跑马群是不断进取的动力

哈工大八系微信跑马群十分活跃,每天都有几百条新信息。大家互相交流跑步心得、新添的装备、跑步中的困惑、伤病及治疗方法,谁中签了新的马拉松比赛就马上更新群名。每天都有同学在群里更新自己的跑步里程,身处海内外的其他同学一起来点赞、鼓励加油,不分白天黑夜。可以说,跑马群的活跃度远远超过了其他群,甚至在这个群里大家联系的频率超过了学生时代。

2018 年底,群里变得热闹起来,大家纷纷报名参加无锡马拉松,并且筹划着利用此机会来聚一次会。此时我跑的最远距离也就是 12 公里,心里没底。大家的热情鼓励了我,特别是总舵主长滨让秘书直接给报了名,可惜中签率太低了,没有中签。好不容易燃起的一点参赛热情又被浇灭了。关键时刻还是长滨出手相救,为我弄到了一个慈善跑资格——真的能参加马拉松正式比赛啦!其他参赛的同学都是跑马老手了,分别忙着查询马拉松比赛的路线、选订在比赛起点附近的酒店、租旅游大巴供同学们游览城市名胜古迹、预订美味餐厅,紧张而有序,很快一切安排妥当,看得我眼花缭乱。

2019 年 3 月,近 20 名同学相聚在无锡。我是参加半程马拉松。首次"上马"还是有些忐忑:早晨十三四摄氏度的气温该穿长袖还是短袖?早晨 5 点钟起床该不该吃早餐?老班长柏春及时鼓励:不用担心,你肯定能创造最好成绩!回过头一想,这是我第一次正式参加马拉松比赛,只要完赛,都是最好成绩!

周日早晨起来和同学们一起在酒店吃了早餐,然后步行到比赛起点。披着塑料披风,穿着压缩长裤,冻得瑟瑟发抖。看着有些选手穿着背心短裤,更是觉得冷啊!参赛人实在太多了,大家拥挤着缓慢地从起点跑出,一直到了十几公里后才慢慢有了点空隙。途中看到有的选手拉着空中的气球在跑,回到酒店后才知道那就是所谓的"兔子"。在离终点三四公里时,赛道空旷了,加速冲向终点,顺利完赛,用时1小时49分32秒。

回到家里后跟夫人和孩子讲起无锡马拉松的事,她们都挺兴奋的,表示要跑步锻炼,争取能一起参加跑马加聚会活动。

八系跑马群成了我跑步的动力源泉,进而带动了我们一家人加入到跑步的行列。夫人从原来走路都脚痛,到现在能够完成半马,而且她跑步的热情已经超过了我。现在无论是居家,还是公务出差,甚至是出国,我们都不忘带着跑步装备,抓住一切时间进行跑步锻炼。2016年去芝加哥大学参加女儿毕业典礼,和女儿一起沿着美丽的密歇根湖跑步欣赏湖边美景。2019年去巴尔的摩的约翰斯·霍普金斯大学参加女儿的典礼活动,一家人在风景如画的巴尔的摩内港跑步,肃静、悠闲。

第一次正式参加马拉松——无锡马拉松完赛

芝加哥大学和女儿一起湖边跑步

巴尔的摩内港跑步

2020年6月7日,夫人和我一起参加了哈工大校庆一百周年线上跑。早晨不到5点起床,活动拉伸后,5:30在小区开跑,最后以6分24秒的配速完成半马,用时2小时15分钟,非常了不起!女儿也能以5分半的配速跑上五六公里。每次我们去学校看她都会先查看一下学校哪里适合跑步,然后一家人一起去跑一次步——跑步就这样成了我们一家人的共同爱好。

跑马群不仅把天南海北的同学拉到了一起，使大家增进了交流，加深了友谊，更把我们这些中老年变成了中青年。身处异地一同训练，相约一起参加马拉松比赛，赛前赛后一同游览山川名胜，总能留下许多美好又难忘的记忆，真可谓一举多得！

2020 年 6 月 21 日于北京

结缘哈工大　筑梦马拉松

富宏亚

我的马拉松

我本是个丝毫没有运动天赋的人,从头到脚干干净净,没有一点运动"细菌"。

2014年受同学和朋友"教唆""怂恿""忽悠""威胁",开始跑步,坚持至今。选择跑步原因有三点。一是简单,不受时间场地限制,比较灵活。二是人过五十,确实感到精力大不如以前,应该多活动活动。三是可以每年以此名义会会老朋友。最后一点吸引力最大。

我只是将跑步作为生活的一部分,能够随心所欲地跑,努力保持健康。跑马拉松不是目标,有人说"马拉松是一场身体的朝圣,是一趟心灵的旅行",可能我比较愚钝,或火候没到,

奖　牌

到目前为止还啥也没感觉到，没觉得马拉松有多么高大上，只能算是漫长运动生涯的花絮吧。

夏日，懒懒地坐在阳台上，微风吹动我的跑马纪念牌叮咚作响，把我又带回过去的时光……

1. 扬州鉴真国际半程马拉松（2015年4月19日）

这是我的第一次马拉松，既兴奋又有点紧张。赛事前晚，跑步前辈给我们这些菜鸟做了赛前辅导，还发了皮肤衣、能量胶、盐丸和吃的。我提了很多傻傻的问题，比如："兔子还参加跑步？"

扬马不愧为国际金标赛事，

扬州半马1

扬州半马2

途经瘦西湖、东关古渡、京杭古运河、大明寺……江南秀丽景色迎面扑来。

2. 旧金山半程马拉松（2015 年 7 月 26 日）

佩服美国人对赛事的组织能力，采取出发时间提前、分批发枪、金门大桥等重要路段只封闭半幅等措施，既保证了参赛者不拥挤，也减少了对正常交通的影响——毕竟跑马拉松是少部分人的活动。

路线经过渔人码头、金门大桥、金门公园等，它也因为坡多坡陡而位列全球 15 个最难马拉松之一。

踩着关门时间完赛。第二天开始历时 10 天的 4 500 千米自驾游。

旧金山半马 1

3. 哈尔滨半程马拉松（2015 年 9 月 12 日）

天时地利人和，自然成绩提高了很多。我是 3 000 人报名参赛半程的选手中第 701 个完赛的。后来还幻想要是前 700 人都弃权，我就是冠军了。哈哈

旧金山半马 2

哈！想想就高兴得冒泡。

4. 成都双遗半程马拉松（2016年3月27日）

赛道真美！串联起都江堰大道、宣化门古城区、南桥、飞沙堰、鱼嘴等名胜古迹。跑在成片的油菜花中，瞬间我也成了画中景。

成都半马1

成都半马2

5. 哈尔滨半程马拉松（2016年8月28日）

这是一届政府极为重视，也广泛受到跑友赞誉的超豪华赛事，沿途有俄罗斯美女助威加油，补给站居然还有大列巴面包和马迭尔冰棍儿，虽

2016哈尔滨半马

然我没吃着。

成绩我已经很满意了，可跑第一的非洲小伙子居然比我快了整整1小时！真是让我佩服得五体投地。

2016哈尔滨半马3

6. 泰山半程马拉松（2017年4月23日）

赛道坡特别多！上坡艰难，下坡挫脚，跑黑了我4个脚趾甲！真是损失惨重。

后半程跑蒙了，遇到一个像摄影记者的人举起一个"黑炮筒"，以为是相机，赶紧咧嘴微笑，摆POSE，跑近才发现原来他在喝水。我心想："我

泰山半马1

泰山半马2

累成这德行，都没喝水。你一个看热闹的喝哪门子水嘛！还用那么大的杯子，还是黑色的，还举那么高。"

7. 哈尔滨半程马拉松（2017年8月26日）

赛道路线和去年一样，活动组织得也一如既往的好，东方莫斯科的浪漫和东北大楂子的粗犷融为一体，整个赛程补给极为丰富，充分体现了北方人的热情、实在，连纪念奖牌都是我所有牌牌里最沉的，挂在脖子上坠得慌。

2017哈尔滨半马1　　　　　　2017哈尔滨半马2

8. 黄山歙县全程马拉松（2018年5月20日）

这是我的首次全程马拉松。

难！42公里估计就5公里没有坡，堪比越野马拉松；

美！新安江山水景色真不错，一路枇杷树，可随手摘来吃，堪称天然补给；

虐！气温30多摄氏度，大太阳，脖子被严重晒伤。

30公里以后实在跑不动了，暗暗叫苦，这帮"骗子"，忽悠我报了全马。到终点要是我还能抬起脚，非踹他们几脚"解解恨"。

话又说回来，人家忽悠你，你咋就信了呢，还是先踹自己两脚吧！

黄山全马

9. 碾子山山地半程马拉松（2018年6月16日）

这是一场限制名额的小型精英赛事，全程200人，半程500人。但级别比较高，属于A级赛事，绝大多数都是精英选手。不过，其中也混

碾子山半马

进了少量我这样"浑水摸鱼"的人，再怎么使劲儿也撑不上那些大神呀。感谢组委会只是在内部公布了完赛排名，给我留了点面子。

领教了啥是山地马拉松，就是往山里跑，全程沙石路，翻山越岭，深一脚浅一脚，累计爬升470多米。感触是以后对山地马拉松要有敬畏之心，不能轻易冒犯。

感谢长滨和他朋友的热情款待。我跑得不咋地，还受到这样贴心的安排，惭愧！

10. 齐齐哈尔丹顶鹤半程马拉松（2018年9月16日）

成绩还算可以，但没有拿下个人最好成绩，前段时间要不是因为手受伤停跑了20多天，应该能拿下个人最好成绩。

虽然是家乡马拉松，可还是要吐槽一下。赛程路线安排得不好，都在市区里，没有体现出特色；号称和丹顶鹤一起奔跑，可连个老母鸡也没看到。

但愿明年鹤马能办好！

齐齐哈尔半马

11. 杭州半程马拉松（2018年11月4日）

杭马的口号是"跑过风景跑过你"。

不愧为国内最美马拉松，一步一风景，一景一陶然。掠过西湖，跨上大桥，途经钱塘，遥看G20会场。

在8公里左右经过一段隧道，上千的跑者随着节奏高喊"1、2、3、4"，声音震耳欲聋，真担心把隧道震塌了。

活动组织得很圆满，领物数字化，检录刷脸，跨过终点没几步就收到了成绩信息。感谢马云！杭马已经提前进入了数字时代。要是非要找一点儿吐槽的地方，就是开始的4公里过于拥挤，对我是无所谓，对追求成绩的跑友可能有一些影响，采取分段出发的办法应该会解决这一问题。

感谢亚彬、阿帆的热情接待和陪伴，本科和硕士时同寝室的同学又在一起同吃同住，仿佛又回到了过去的青葱岁月。

还是没有拿下个人最好成绩，这回实在找不出别的理由了，就这么大能耐了。

杭州半马1

杭州半马2

12. 无锡半程马拉松（2019年3月24日）

没中签，花了888元买了个慈善名额，不过也值了，整个跑马过程体验不错。

不愧为国内热度最高的赛事之一，路线经过蠡湖、鼋头渚，最后跑进漂亮的江南大学。赶上樱花盛开的季节，满眼盎然春景，人在湖边跑，江南画卷徐徐展开。

活动组织得井井有条，刷脸、即时短信通知、微信小程序……都体现了高科技的成分。

成绩又退步了，但热情不减，充分诠释了"悦跑"理念。

无锡半马

13. 哈尔滨半程马拉松（2019年8月25日）

很高兴来了好多同学一起跑哈马，共同度过了三天愉快的时光。三天的话题基本都是马拉松，在热烈气氛的感染下，来哈观摩加油的几位同学也纷纷表示要入伙，我们的队伍要扩大规模了。

成绩很稳定，赛事组织水平稍有下降。天气炎热，后半程水供应不足，跑得很艰难。

回看了中央电视台体育频道的哈马直播，从空中看哈马的赛道沿途风景，真漂亮！

2019哈尔滨半马

14. 国庆 70 周年线上半程马拉松（2019 年 10 月 1 日）

歪诗留念：

跨过松花江（支流）

登上太阳岛（外围）

遥看防洪塔（太小）

返回大剧院（没戏）

国庆半马

15. 哈工大之光——线上奔跑挑战赛（2020 年 6 月 7 日）

今天是 2020 年 6 月 7 日，晴。一大早迎着朝阳，我和小伙伴们就兴高采烈地来到太阳岛，参加哈工大百年校庆线上长跑活动。啊！多么好的天气，多么好的风景啊。大家有说有笑，摩拳擦掌，斗志昂扬。

拍完照片，就踏上了环岛跑道。一开始我们跑得都很轻松，三圈以后渐渐感到体力不支，膝盖后侧疼痛难忍，有些迈不开步了。随着越来越沉重的脚步，我产生了激烈的思想斗争，是否还坚持下去呢？这时，我想起了老师的教导，困难像弹簧，你软它就强，坚持就是胜利。一股强大的精神动力又回到我的心中。于是，加快脚步，坚持跑完最后一圈，顺利完成半程马拉松，实现了为母校百年校庆献礼的愿望。

今后我还要继续努力，积极锻炼身体，努力向着学校运动场贴的大标语"为祖国健康工作五十年"的目标迈进！

我的作文能得小红花不？

今天是哈工大100岁校庆日，祝母校生日快乐！

1980年9月入学，40年来一直学习和工作在这里，和同事们一起经历着风风雨雨，一起辛勤耕耘与奋斗。我感觉我们哈工大人有两个特质：一是踏实肯干，像校训诠释的那样"规格严格，功夫到家"；另一个是具有家国情怀，愿意不计名利为祖国贡献自己的一份力量。在这特别的日子，向亲爱的老师和同学、校友们、学术同行和各位朋友致敬！感谢一路扶持！共祝哈工大的明天更美好！

感谢80级八系这个群体，让我感受到集体的温暖、同学的情谊、相聚的快乐、奔跑的乐趣。跑步已经融入我的生活，我将持续下去。这篇小短文可能会越写越长，永远处于"未完待续"状态。

2020年6月于哈尔滨

结缘哈工大　筑梦马拉松

李赫峰

说说我的马拉松

哈工大100周年庆典，由于新冠肺炎疫情影响，没有万众欢腾、热闹非凡的欢庆场面，也没有久违的拥抱进而喜极而泣的温情画风，给海内外校友带来了些许遗憾。全球校友的校旗环球传递，还有我们沈阳校友会捐赠的15万枚"哈工大百年纪念徽章"的一物难求，着实把几十万哈工大新老校友的心又一次紧紧地连在一起了。

我们80级8081班的同学金海平，在百年校庆预热会上作为成功校友典型代表讲话，更是激发了我们8081、8083两个班同学满满的自豪感和荣誉感。

海平讲到了哈工大"规格严格，功夫到家"的精神传承，讲到了我们日久弥新的同学情，而且用很大篇幅讲到虽然经过近四十年的岁月变迁，但仍然把我们不老的心、把我们同窗的友情紧紧联系在一起的重要纽带——马拉松。

的确，马拉松让我们这两个班的同学几乎都成了跑马、练马、观马者。马拉松更像一根线，把我们8081、8083散落在天南地北的同学珍珠般的心穿在了一起，做成了我们80级八系独有的奢华珍珠项链……

好吧，那我也说说我的跑马生活吧！

一、"总舵主"助力扶上马

经过几十年的磨砺以后，回望走过的人生路，感悟自己的心路历程时，人们常常会有这样一种体验：你的前辈、长者，抑或是很信赖的亲朋好友某一次很普通的交流和沟通，或者不经意间的一句话，带给你的可能是人生轨迹的变化，也可能会久久地影响着你未来的生活。

马拉松成为我生活的乐趣和追求的一部分，最应该感谢的是被我们称为"总舵主"的王长滨同学。他的启蒙、带领，不仅仅对于我，对于我们所有80级八系的同学成为马拉松爱好者、参与者和旁观者，都起到了决定性的作用。

2013年6月，我们8081班有过一个著名的"20名同学杭州大聚会"。缘起是美国硅谷工作的金海平，6月末要回国公干路过杭州，而杭州热心又好客的张帆、刘亚彬两位同学，通过微信呼吁大家借此机会都来杭州聚一聚。这一倡议在不到一个月的时间内，得到了几乎所有在国内天南地北同学的

杭州大欢聚

响应。于是就有了这张 8081 欢乐全家福。

这次聚会安排的第一项活动是在早餐前全体同学穿着荧光黄的特制 T 恤，去绕杭州西湖跑圈。适逢天降大雨，同学们冒雨而行——而这对于 30 年再聚首、差不多进入 50 岁门槛的人来说，听起来都会感觉浪漫得有点奢侈。

嘻嘻哈哈地在湖边慢跑，开心是很开心，但是力不从心。很多同学都没有跑下来，半路就打道回府了。这次聚会，让即将或已经迈入 50 年龄段的我们有了一个共识，那就是加强锻炼，提高身体素质。当然，其中也包含了另一个共识，就是通过锻炼，争取在将要到来的毕业 30 年聚会上，在我们的传统保留节目"8081/8083 足球对决"中，坚决彻底地打败 8083！

从此，在"总舵主"的鼓与呼之下，锻炼、跑步、跑马拉松渐渐成为共同话题，进而成为了 80 级八系的共同话题。

而对于我，一个打小就病怏怏、完全没有运动细胞、与任何运动项目无缘的人来讲，大家的跑步、马拉松话题，基本与我无关。但是，我非常珍惜同窗友情，也是一个很重感情的人，所以愿意参加班级的各种活动，每次聚会都争取去掺和一下，露个脸、拍个照，发挥我的"忽悠"能力，给大家敲敲边鼓、打个趣、逗个乐子，成了一个"有你不多，没你好像还缺点啥"的啦啦队员。

同学圈里要说赫峰能跑马拉松，那会有很多人惊得眼珠子瞪溜圆，张大嘴巴半个小时复不上位。我自己当然也有自知之明，那种天方夜谭的事情俺不想，连梦都不做！

2014 年 7 月，美国旧金山有一个马拉松赛事，我正好那个时候也有计划要去波士顿谈个项目。在金海平的热情相邀下，我决定顺路去旧金山看个热闹。当时有"总舵主"王长滨、张秀海老班长，还有我们的老体委王海林，后来遗憾的是因为签证问题海林没去成。

确定了旧金山聚会以后，长滨就非常热情地邀请我们一起去跑旧金山马拉松。接着就是给我们各种科普，把遥不可及的马拉松神话，从我心目中的神坛，拉回到了我的身边。

真正让马拉松从别人的梦变成我自己的梦，是这样两件事。

有一天我突然收到从北京发来的一个快递。我很好奇，打开一看，竟然是长滨寄来的一本书。书的扉页上长滨还亲自写了一句赠言：赠赫峰同学，愿梦想成真！

我当时好感动。长滨是一个很成功的企业家，百忙当中抽出时间，这么细心地给我选书，还亲笔写上赠言，可见他的用

长滨赠书

心良苦。当然，长滨兄本来就是一个热心肠的人，为人仗义、行善好施、乐于助人是很有名的，但是给我的这个惊喜确实是让我激动了很久。我也真的是不负长滨的鼓励，把着这本书，如饥似渴地看了好几遍，后来它成了我学习跑步的贴心指南。

以后，长滨不时在微信上鼓励我树立信心，指导我应该如何制订训练计划、如何循序渐进地跑步。当然，即使这样我也只是觉得跑步挺好，早上起来跑跑，一天都神清气爽，真的不错。至于马拉松嘛，做做梦吧，别说全马，就是半马对我来说也是遥不可及！

又过了些日子,我又收到一个来自北京的小包裹,也是长滨发来的。打开一看,竟然是一块黑色的大屏手表,还有好多附件。原来它是一块专业运动手表,不仅能看时间,还能测心率、显示步频步幅、跑步里程,甚至还能接收卫星发送的GPS信号——那会儿,运动手表、智能手机跑步APP功能还没有现在这么强大、应用这么普及。当时就觉得,这真是个高大上的玩意儿!

我戴着它早上出去跑步,实际体验着各种功能。随着跑步数据不断被更新、跑步记录不断被积累,我感觉自己进入了数字化的跑步娱乐时代。渐渐地,真的开始想尝试一下马拉松是什么滋味了,虽然这时我的连续跑步距离也只有5公里,但梦已然开始做上了。

二、旧金山梦想成真

2014年7月25日到达旧金山。比我早一天到的海平、秀海、长滨及长滨的弟弟长明(也是一位跑者)来机场接我,终于让我结束了在英语世界里的挣扎,可以放开说汉语了,瞬间就有了一种归属感。

按预定计划,海平带我们参观了

旧金山马拉松

斯坦福大学，到脸书（Facebook）、谷歌总部等地转了一圈。一路上介绍硅谷的文化、旧金山的风土人情，大家聊得很开心。

7月27日，我和秀海老班长以极其忐忑的心情迎来了人生的第一个马拉松大考。长滨"总舵主"和长明自不必说，海平也一直是文武双全，毕业后到现在就没停止过运动锻炼，所以，就剩一胖一瘦的秀海和我——两个不知深浅的"菜鸟"了。

长滨在前一天已经把各种"战备物资"给我们准备得妥妥的，什么GU能量胶、盐丸、凡士林、止痛喷剂，林林总总，应有尽有。海平还特意告诉我们，实在跑不动了，有收容大巴车可以上，只要带着跑马号牌，举个手就让你上。但是，稳妥起见还是要在兜里放个100美金，以备打车等不时之需。

起跑后，海平怕我们跑不下来，一直陪着我和秀海。开始时我们觉得很好玩，边跑边拍照，也没着急。可是过了金门大桥，我觉得不能再拖累海平，就让他先跑了。这时秀海班长已经开启跑走交替模式。金门大桥折返后，我的腿也不听使唤了，我下决心盯着一个人跟跑，可是无论是白发老人，还是大型胖墩儿，跟着跟着就都离我远去了。要说这旧金山马拉松不愧是全球最难跑的马拉松之一，坡又多又长又陡，很是累人。在高高的爬坡路段，我不得不停下来弯腰捂住膝盖，试图缓解一下膝盖的疼痛和小腿的麻木。每当这时，就有很多热心跑友停下来，问我是不是需要帮助，这种热心和爱心让我很感动。临到最后不到2公里，我真累得不行了，这时突然想到了那个收容大巴，可是前后望去，连个巴士影子都没有。没办法，不能停在半路上，只好一边挪着步子一边跟自己嘀咕："你这缺心眼儿的，干吗到美国找这个罪受啊？"接着就担心自己会死在半路上——各种奇思怪想在脑子里翻腾。但尽管如此也还是不断地让自己坚定一个信念："既然跑了，死也要死到终点！"最后，终于把自己拖到了终点，好歹算是实现了我的马拉松梦！（虽然是半马，可那也是马呀！）

终点，见到了长滨和海平，那感觉真的很幸福！"总舵主"给了我一个深深的拥抱，说道："怎么样？可以吧，赫峰！我说没问题吧？梦想成真了吧！"

就这样，我的处女马成为了现实，也成为了难以忘怀的历史……

三、扬马和我的沈阳马拉松战队

旧金山马拉松结束后，80级八系的马拉松逐渐成为微信群内的热点话题，进而跑步也蔚然成风。特别是"赫峰也能跑半马"这件事，对很多同学刺激极大，接着就有了规模相当大的马拉松"群体事件"——2015年春天的扬州马拉松大聚会。包括啦啦队在内，8081和8083两个班来了近20人，参加跑马的有10位同学。

扬州马拉松

有了旧金山马拉松的生死体验，扬州马拉松我似乎已经信心满满了，不时地在同学中间以过来人的身份分享自己的体会。这次，我以2小时54分的成绩，完成了首次的国内半马跑，掐点儿在关门时间内跑完了21.0975公里，而且，跑完半马的当天晚上就坐飞机返回了沈阳，这对我来说，不得不说是一个奇迹！

跑完这次马拉松，我对马拉松的热爱和痴迷进入爆棚状态，逢人便讲跑步，见人就说马拉松。微信朋友圈不断地晒各种马拉松常识、攻略和各地马拉松消息。当然这个阶段,全国各地大小城市举办马拉松也是一件时髦的事,似乎有点名气的城市,不办个马拉松赛事就不算个有活力的现代城市。

公司员工跑马照

终于,2015 年我们沈阳也闻风而动了。俺们大沈阳 2015 年 9 月 27 号也隆重举办首届国际马拉松大赛。这可把我乐坏了,我这跑过"国内国外重大马拉松赛事"的、两次半程马拉松的英雄,终于有了用武之地!

我制定的策略是在我说话算数的地方开始大肆宣传,照搬照抄从长滨那里学来的不太熟练的十八般武艺,布局我们公司内部的马拉松活动——俺年轻的时候,在国企是当过团委书记的,所以在现在的公司造个势、搞个活动,还是有功底的。

号召员工自愿参加,凡是参加马拉松的,无论是迷你、10 公里、半马还是全马,报名费全部报销,每人一双品牌运动鞋,后勤保障专人负责。没想到,呼啦啦一下子报了 20 多个人。就这样,我们单位的马拉松活动就组织起来了。每年的沈阳马拉松我们都有不少人参加。虽然沈阳这几年马拉松搞得五花八门,路线每年都变,还试过什么夜间马拉松,遭遇过报名抽签系统崩溃等,但大家的积极性和热情一直没减,只是随着报名参加马拉松的人越来越多,中签的概率越来越小,影响了大家的积极性。

除了单位活动以外,我的私人朋友圈也被我"煽动"起来了,于是,一个"530夫妻跑团"就此创建。

四、夫妻跑团

经常在一起的朋友们听说我跑马拉松都很好奇:我们这个岁数,还可以跑马拉松?在我的"忽悠"下,很多人也跃跃欲试起来。

我太太过去一直是体育运动爱好者,年轻的时候参加过短跑和其他田径运动。看我这么热心马拉松,她的兴趣也来了。于是我们倡议搞个夫妻跑团,把愿意参加的朋友们都拉进来。因为大家都是50岁左右的年龄,为了参加马拉松也要进行必要的训练,所以大家约定一起跑步训练。跑步的时间定在每个周六、周日的早上5点30分,在沈阳北陵公园集合。就这样,为了便于沟通交流,大家建了一个群,取名"530北陵晨跑团"。每到星期五的晚上,大家就开始相互招呼,明天能否参加,有事情要请假。

大连马拉松

北陵公园有两个环形步行路线,我们称之为大圈和小圈,大圈不到7公里,小圈不足5公里。能力强、状态好的跑大圈,其他人跑小圈。跑团一共有 8 对夫妻，晨跑能聚齐的时候一般都是六七对。只要天气没问题，基本上早上聚齐后统一开跑。全体团友跑完以后，每次必须照相打卡记录。打完卡，一起吃完早餐才散伙。就这样一直坚持到现在。我们"夫妻跑团"先是在沈阳试水参加沈阳马拉松，以后凡是沈阳附近的马拉松赛大家都踊跃参加，不断地积累着跑马经验。到现在已经参加了 5 届沈阳马拉松赛事，这两年开始向外地扩展，2018 年、2019 年大家一起参加了大连马拉松。

大连马拉松抽签结果一出来，有两个人没中，这可急坏了大家。这时神奇的体委王海林竟然从哈尔滨出手，帮我们搞到了两个大连马拉松名额。顿时，我在 530 跑团当中的地位形象直接跃升两格。而且在大连，我们又偶遇了满世界跑马的劳苦功高的老班长孙柏春，真是缘分啊！

2019 大连马拉松共有 6 对夫妻参加，平均年龄 53.5 岁，12 人全部在关门前完成半程马拉松跑，又一次创造了我们自己的神话。

五、夏威夷马拉松——我们夫妻的全马

前面讲的都是我的半程马拉松，那有没有过一次全马呢？当然有！有了很多次半马经历后，一般人都会自然而然地向往一下全马。但是，对我来说，每次跑马都是死去活来的拼命，争取在关门前跑完半马，所以，全马对于我来讲依旧是海市蜃楼一般的存在。

2017 年，又是海平和"总舵主"长滨，小范围探讨去夏威夷跑马拉松，引起了我的极大兴趣。一个是夏威夷是全球知名的旅游度假胜地，再一个夏威夷马拉松是全球唯一一个没有关门时间的马拉松赛事。只要你坚持跑下来，你跑多久主办方就等多久！这两点非常吸引我，我决定和太太一起积极参加，同时也暗下决心，既然没有关门时间，我们两口子就一鼓作气，跑他一个全马。人这一辈子，至少要跑一次全马，也算不白活一回。

我们激情满怀、心潮澎湃地把机票、酒店预订了，报名费也交了，结

果原来答应一起去的同学却接二连三地爽约，到快出发时竟然就剩我们两口子了。太太开玩笑说：老李，你看你这人缘儿太臭了，没有一个同学愿意跟你玩儿。搞得我突然开始怀疑自己的人生了……

其实，也没有那么糟糕！他们不去反倒成全了我们两口子的浪漫夏威夷之旅。我们一起生活30年了，这30年过得忙忙碌碌、稀里糊涂，虽然因为工作我自己天南海北、国内国外地飞来飞去，但回想起来竟然没有一次带着太太单独出去旅游，哪怕是国内游，想来十分愧疚。而这次夏威夷之行，恰逢我们结婚30年，又赶上太太55岁生日，同时也是她正式告老还乡、开启退休新生活的日子。而夏威夷马拉松举办的那一天，恰恰是她生日当天，也算是我送给她的最好的礼物吧！

所以，从这个意义上说，我很感谢那些没有一起去打扰我们浪漫假日

夏威夷完赛照

的可气的同学。谢谢你们，我不会忘记你们，我会记你们一辈子的！！！

到了夏威夷，我们没来得及倒时差，就进入马拉松的备战状态——毕竟我们俩是55岁的"老干部"，而且从来没跑过全马，内心还是有一些莫名的惶恐和不安的。当然，也有一些小亢奋，因为心中有了一种挑战人生新目标的神圣感和让全马由梦想变成现实的小激动。我们选择的宾馆在终点附近，而起点离我们很远，需要穿梭大巴来接送。因为起跑开枪时间是早上5点，所以，凌晨2点开始就有大量的参赛者在终点附近的巴士站聚集等待接送。我们也是早早把各种"战备物资"、服装号码牌等准备好，头一天快11点躺下，第二天凌晨2点不到就被吵醒，2点半左右出去排队上车，所以一宿几乎没有睡。

开枪起跑后的一路艰辛、一路汗水自不必说。我们到达终点时，已经是中午时分了。夏威夷马不像国内马拉松那样全程有补给，更何况我们是跑在后面的选手。炎炎烈日暴晒下，我们花了7个多小时，胜利完成了人生中的第一个（也可能是唯一的）全马，顺利拿到了所有马拉松当中最大的一块金灿灿的奖牌。

六、一点感悟

从2014年的旧金山马拉松开始到现在我已经跑了10多个半马、一个全马，得到了很多各式各样的奖牌、纪念品，也有了很多的人生感悟——有些是在跑马过程中和自己进行内心对话得到的，有些是跑完后静下来回顾体会到的。

总之，通过马拉松我真正体会到了人们常说的一句话：人是要有梦想的，万一成真了呢！

50岁后开启的跑步人生让我再次领悟到，人是有很多潜在的能量可以挖掘的，只是被一些固化了的思维定势给淹没。从不可能到可能，也许真的就只是一个信念的距离。

想想如果更早地被"总舵主"激发、被同学们感染，也许我的活法又是另外一个样子也说不定呢！

马拉松真的是一个很神奇的东西，它有着巨大的魔力，源源不断地吸引着人们加入到它的队伍中去——虽然每个人都会很受折磨，但也很享受！

为了健康，为了更加快乐的 50+ 生活，同学们，现在也不晚，让我们跑起来，一起马拉松！

2020 年 6 月 24 日于沈阳

结缘哈工大　筑梦马拉松

刘亚彬

我的跑步故事

童年的我

我出生于吉林省的一个小城，它有一个很美丽的名字，叫蛟河。可能是三年困难时期刚结束的原因，我出生时就体弱多病。长大后父辈们经常讲的一件事，是我直到3岁才学会走路——是舅舅们用山东老家寄来的花生，从土炕的两头引诱我学会的。小学、初中，都是体质偏弱。记忆最为深刻的是初中时的一次游玩。离我们家几十里地，有一座气势雄伟的拉法山，山势陡峭，巍峨耸立。每次抬头朝西北望去，就能看到它雄伟的身姿。一天，几个同学约了一起去爬拉法山。我们每人骑一辆自行车，一大早就出发了。陡峭的山路耗尽了我的体力，回家的路上我的腿开始抽筋，以致没办法骑车，最后是一个同学骑车带我，另一个同学骑车拖着我的自行车狼狈回来的。

关于运动的另一个深刻记忆，是高考期间发生的一件事。当时我所在的地区没有考点，学校安排大巴车送我们到县城参加考试。考完试，终于解脱，兴奋的同学们一起来到饭店，喝了酒。酒后，我满面通红，不敢见老师，于是放弃下午5点学校接我们回去的大巴车，独自一人去了长途汽车站。从来没有单独来过县城的我不知道，五点以后长途车就没了。无奈，只得选择步行回家。一个人走在东北的旷野里，天色渐渐黑下来，慢慢变成漆黑一片。公路两旁是连片的玉米地，时不时要经过一座座黑黑的坟头，四周是萤火虫在漫天飞舞。为了克服恐惧心理，我脱下外衣，不停地甩动，大声地唱着歌。不知道走了多久，只记得半夜里才回到家。也许是累的、吓的、冻的，第二天就病了，而且一病就是半个多月。

初上赛道

时光飞逝。大学、硕士、博士毕业后就是工作，转眼来到2013年，我从弱小少年变成了油腻中年。年初，大学室友金海平传来消息，说将从美国出差到上海，顺道来杭州见见我和张帆。从1987年海平去美国求学，我们就一直没见过面。听到他要来的消息，我自然是兴奋不已，就想多约一些同学一起聚聚。没想到一呼百应，全班20多名同学几乎全部参加。大家就商议聚会的安排，其中王长滨提议，安排一个上午全体同学绕西湖长跑一圈。此提议立刻得到大家的响应。

作为东道主，自然要积极参与。马上按着长滨的指导，买跑步装备，学习跑前热身和跑后拉伸等动作，然后兴冲冲地冲向跑道，为聚会的集体跑做预热。可是紧接着我就被这一跑吓了一跳：只坚持了500米就大汗淋漓，上气不接下气。这才意识到，自己的身体竟然差到如此地步。但作为哈工大出来的学生，作为8081班的一分子，决不能被困难吓倒，集体活动一定要跟上，集体荣誉一定要身体力行去维护。就这样，我开始长跑训练，从500米到800米，从1公里到2公里，渐渐地可以坚持5公里了。

聚会的时间终于来到了。久别重逢，同学们无比开心快乐。跑步的那天早晨，杭州下雨。大家拍完集体照就出发奔向西湖。老天好像故意考验我们，跑出 500 米不到，大雨滂沱。大部分同学被浇回了宾馆，我、海平、王海林、戴铁成，在长滨的带领下，继续坚持。耳边，是哗啦啦的雨声，和着我们 5 个人铿锵的脚步声，还有避雨的人为我们加油的声音；眼前，是接连闪过的湖滨、断桥、白堤、苏堤……大雨仿佛湿润了我的心肺，我的呼吸逐渐顺畅。我们一直跑到花港观鱼的大门，超过了我的 5 公里极限。

人生第一次长距离跑，让我感受到了跑步的美妙，更感受到了集体的力量！

首个半马

有了这次的经历，就向往着更远的距离。这个时候，长滨同学开始积极鼓动大家进行长跑训练并择机参加马拉松比赛。

我的首次马拉松，是大家选择的 2015 年扬州马拉松。烟花三月下扬州，二十几个同学，在这个鲜花盛开的春季，从天南海北赶到扬州，海平也从美国赶回来参加，一时间热闹非凡。我虽然在几个月前就开始了训练，但还是有些忐忑不安。其他同学也差不多和我一样都是首次参赛。比赛的前一夜，长滨为大家分发盐丸、能量胶，为我们这些跑马"小白"普及比赛知识，包括几点吃早餐、吃什么，赛中什么时间喝水、什么时间补充能量。

比赛当日的早上 5 点大家就起床了。换上比赛服，马上有了一种出发上战场的紧张热烈气氛。大家步行去比赛的起点，马路上参赛的人员——男的女的老的少的，操着各地的方言陆陆续续地集结，渐渐汇成人的海洋。每个人脸上都洋溢着青春与喜悦，让我突然感到运动带给人们的活力,"志同道合"在马拉松的跑道上得到了充分体现。

枪响过后,跑步的人流如同色彩缤纷的画布在流动,而我也就成了画中有节奏的一笔。逐渐进入状态,慢慢来到自己体力的临界点。街道两旁,热情的市民载歌载舞为我们加油;在13公里左右,一群孩子在路边拼命喊加油,伸出小手和选手们击掌表示鼓励。我顿时被孩子们所感动,从道路中间突然变向来到路边和他们击掌。这一发力变向,小腿顿时抽筋,一个踉跄,差点跌倒。后面的7公里,就是咬牙坚持,心里不断地重复,首个马拉松,决不能放弃。就这样走走跑跑、跑跑走走,终于坚持到了终点,得到了人生的第一个比赛奖牌。当挂着奖牌和同学们合影留念的时候,我心中充满了成就感。

跑出国门

扬马的喜悦还没有消退,2015年7月,在海平同学的盛情邀请下,张帆、沈亚红、谢卓伟、富宏亚及夫人应如冰,从各自生活的城市来到

了海平所在的城市旧金山，准备参加旧金山马拉松。梁列至同学也从洛杉矶赶来与我们会合。一时间，聚会的小高潮又来了。东道主海平热情款待，把聚会推向了极致。那一天，我们再次换上装备，走在了异国他乡的街道，走向赛道。

一切都是这样陌生又熟悉。陌生，是那异国城市的味道；熟悉，是那一张张兴奋、有朝气的脸庞。一声枪响，我们奔跑在旧金山的海边道路，踏着富有年代感的石头路，冲上老旧的旧金山大桥……虽然旧金山马拉松赛道坡路较多、有些难度，但我还是在2小时45分后顺利完赛。

首个全马

2015年仿佛是我的马拉松年。11月，浙江千岛湖举办首届马拉松赛。长滨、海林、柏春决定参赛，我作为东道主，自然要奉陪。可是首个千岛湖马拉松只有全马，没有半马。这让我一时间犯了难：不参加比赛，老同学不同意；再说了，大家从千里之外赶来，不陪同也没有道理

呀。一咬牙一跺脚就报了名。虽说报了名，但心虚得很。赛前两个月，我开始认真训练，每天都在运河边挥洒汗水，10公里、12公里、15公里、18公里、20公里，随着跑步里程的一点点突破，信心也跟着增长。转瞬间，就来到了比赛的日子。赛前一天，我们开车熟悉了一下赛道。赛道环湖，一个坡接一个坡，内心又开始打鼓，自己最长的跑步距离只有20公里，面对这样的坡度和长距离，能完成比赛吗？但转念一想，既然来了，就要勇敢地站在跑道上，尽最大努力挑战自己。

11月底的千岛湖，已经有了寒意。在雨中，我又开始了新的跑马历程。千岛湖的景色，仿佛能让人忘却跑步的疲惫，10公里、20公里、30公里，越跑越有信心；超过30公里，虽然身体极度疲劳，但大脑产生了幸福的感觉；来到35公里处，当体能达到极限时，柏春同学等在那里，给我香蕉、饮料等补给，并陪同我继续后面的7公里。与此同时，向微信群里的同学们做直播。同学的鼓励给了我无穷的力量，陪伴我跑完最后7公里，用时5小时6分钟，我完成了人生的首个全马！

爱上了跑步

从此以后，我就爱上了马拉松比赛。接下来的日子，或者跟同学们

三五成群，或者独自一人，到国内外各地参加比赛：成都、哈尔滨、宁波、杭州、舟山、泰山、银川、绍兴、广州、衢州、莫干山、苏州、奉化、桐庐、开化、黄山歙县、兰州、芝加哥、诸暨、无锡、宜兴、嘉兴等都留下了我跑马的足迹。我还参加了绍兴唐诗之路50公里越野赛、西湖30公里越野赛，最近一次是2020年6月7日参加哈工大之光——线上奔跑挑战赛。

每一次参加马拉松赛事，都是一

刘亚彬 | 257

次快乐的聚会,都收获一份喜悦,都留下一段故事,都带来新的发现和感悟:

跑步培养我的自律,不管刮风下雨,都要奔向跑道,完成计划中的任务;跑步让我从170斤的油腻男,变成了140斤的标准型;跑步让我感觉到身体的活力,人好像年轻了,每天都精力充沛,动力十足;跑步让我感受到了同学之间的团结与友爱,感受到了哈工大8081/8083集体的温暖;跑步让我对哈工大的校训"规格严格,功夫到家"有了更深刻的理解。

我通过跑步,给自己一段独处的时间,和内心进行一场真正的对话;

去丈量一个陌生的城市，感受这个城市的温度和味道；与大自然亲密接触，欣赏那翻滚的云彩、飘落的雪花，捕捉感动内心的每一个瞬间；突破一个又一个自身极限，获得成功的喜悦与快感。

总之，跑步帮你推开这个世界的一扇扇大门，去迎接大门外的你！

我想，我真正爱上了跑步。我会一直跑下去，直到生命的终点。

2020 年 6 月 20 日于杭州

结缘哈工大　筑梦马拉松

朴松花

同学情　民族情　跑马情

1980年9月1日到哈工大报到后，我住进了有上下铺的10人宿舍，而且是和78级姐姐们一起。第二天早上起床后，有位同学问我："请问同学，你是哪里人？昨晚睡觉时你说了一大串梦话，叽里咕噜一句没听懂。"我说我是朝鲜族。我尽量用不太利索的普通话来解释我是哪里人，大家"啊啊"地点着头，不知道听懂没有。

一次，有位老师通知我参加"新生座谈会"，屋里坐满了人，都是陌生面孔。主持人介绍哈工大的概况等情况后，请大家谈谈对学校有什么建议和要求。大家踊跃发言，我一直听着没说话，突然老师指着我说："这位同学，请你发言。"我想了一会儿，先做了自我介绍，然后说："我们宿舍里的桌子下面，那个，那个……"突然想不起来那个词，急得用手比画，桌子下边装东西的那个没有，没法装东西……"不知是哪位马上接过话说是抽屉。我连忙说："对对对，是抽屉，有桌子没抽屉。"在场的人哄堂大笑，我也脸红得低下了头。这时带我过来的老师大声介绍说我是朝鲜族同学，大家才安静下来。从小学到高中都在朝鲜族学校学习的我，比汉族同学多一门课就是汉语课，高考科目也多一门汉语考试。上大学之前平时都说朝鲜语，没怎么说过汉语。我的大学生活就这样开始了，第一课是学习汉语。

上大学之前父母对我的要求就是"搞好民族团结，尊重别人，互相帮助"。我想当时父母觉得做人比学习更重要吧，它就像我的座右铭一样伴随我一生。

我们系七个女生来自七个省及直辖市——重庆、福建、湖南、江西、上海、黑龙江、吉林，一看就知道大部分人的普通话都带口音，我们8083班俩女生得加一个"更"字——全班25人中的两位女将，一位是福建的，一位是我，朝鲜族，那个普通话说的，班里能听懂的没几个人，所以刚开始同学们很少和我们说话。后来大家一起努力，逐渐交流无障碍。我们七姐妹更不用说，说不明白或表达有问题时，有人耐心帮着纠正。在大家的帮助下，我的汉语表达能力逐步提高。我们在生活和学习上互相帮助、互相鼓励，感情亲如姐妹。

大学毕业前的"七仙女"

每年寒假结束后,大家都从家里带一些特产回来一起分享。记得有一年三八妇女节(每年都有"七仙女"聚会),大姐嘱咐晚饭每人从食堂打饭回宿舍,晚上聚餐。大家各自买饭回来摆在宿舍的桌子上,有特产的统统拿出来一起聚餐。

记得有一门课的作业我怎么也做不出来,当时正好师玉文同学也在自习室,我小心翼翼地去问他这道题怎么做。他马上放下手中的书,看看题后,就耐心细致地给我讲,这道题为什么解不开和解题的几种方法。我一听豁然开朗,一下子明白了,连忙对他的热心帮助表示感谢。

还有一件事,有一年冬天寒假回校后,黑龙江的同学王东鹏,在家捡到一只受伤的丹顶鹤,准备送到哈尔滨动物园之前,带到学校让我与丹顶鹤拍照留念,我又惊喜和感动。不少同学知道我喜欢丹顶鹤,也都

大学毕业 30 年后的"七仙女"

帮我收集图片。同学们送的图片中有手绢、书签、明信片、信笺、报纸杂志的插图等，我至今还保留着我的丹顶鹤图片集。

大学四年，大家从不熟悉到熟悉，从不好沟通到沟通无障碍，越过不同民族、不同地域、不同生活习惯，互相帮助、互相关心、共同进步。在全国十几亿人当中，我们相遇、相识、相知，亲如姐妹、亲如兄弟，结下同学情、民族情，这是缘分，是可遇不可求的。同学的情最真，同学的意最浓，同学的爱最无私。

哈工大有着浓浓的人情味，一街一角，一花一草，虽平凡朴素，但现在回想起来都让人热泪盈眶。哈工大成就了我的梦想，是我内心最温暖的地方。

2014年秋天，我接到我们的"跑马舵主"王长滨的电话，邀请我加入北京马拉松赛"8081/8083"队的啦啦队，他告诉我有几位外地同学也要来参加北京马拉松。以前只是在电视里看过马拉松比赛，没到过现场，好奇心和想见老同学的愿望使我很快答应了。他说要提前一天过来住进队员住的宾馆，费用他负责。这么好的事咋能放弃呢！于是我开着

北京马拉松开跑前，运动员和啦啦队合影

车去了。从哈尔滨来的孙柏春和从广州来的谢卓伟同学,他俩是参加半马,还有从杭州来的啦啦队员张帆同学和北京的荣瑞芳、戴铁成同学,见到大家很是高兴。晚饭时稍微了解了一下马拉松的装备、服装、跑鞋、帽子,还有什么能量棒,等等,最重要的是报名,需要符合条件,听起来挺复杂的。

第二天早上,队员们早早做比赛前的准备活动。全副武装的同学们和王长滨同学公司的员工们都精神抖擞,非常帅气,我心里很是羡慕和佩服!到时间了,我们各自到指定的地方,跑马的同学去起跑点,啦啦队员先去半马终点等孙柏春和谢卓伟。我把车停在附近的路边停车场后,和大家一起去第一个目的地。我们一路聊着天,很兴奋,尤其是我,过去还算是跑过短跑的,好像我自己参加运动会似的。

等了许久大家开始喊:"来啦来啦!"路边所有的人都往马路上看,陆陆续续运动员们越来越多,大家瞪大眼睛找我们的队员。我看见王长

"跑马舵主"王长滨在跑全马过程中

滨先来了，我知道运动员肯定听不见喊声，但还是扯着大嗓门喊："王长滨加油！王长滨加油！"眨眼间王长滨跑远了，消失在跑马队伍中。

过了许久，半马的两位同学到了，记得是孙柏春先到，谢卓伟稍后到，他们都圆满完成任务啦！他们满头大汗，浑身湿透，但是身体和精神状态都不错！稍微休息后，领取完赛奖牌，我们坐上戴铁成的车赶去下一个目的地——全马终点奥林匹克公园。在那里我们用等英雄归来的心情，等王长滨同学顺利到达终点！全马全程42.195公里，王长滨好像跑了5个多小时，普通人想想都恐怖，这不是一般人干的事！

我们大家见证了王长滨顺利跑完全马，到终点时轻轻松松向我们挥手。我只能用"英雄凯旋"来形容当时的场景，让我震撼、让我感动、让我兴奋，跑马拉松的人都是英雄！

因为有事我没能参加晚上活动，戴铁成送谢卓伟去机场的路上把我送到停车场。我在交停车费时才知道，车停了八九个小时，但是我根本没有感觉到有多累，一直处于兴奋状态，那天是我一生中非常有意义的一天。感谢王长滨的邀请，感谢从外地赶来参加马拉松比赛的孙柏春同学和谢卓伟同学，你们让我体验到了现场马拉松的氛围和心情，让我体会到马拉松的精神，那是毅力与坚持的王者！路在脚下更在心中，我们的人生也是一场马拉松，我们需要的正是这种精神。

看到这里大家可能会猜想，是不是我也参加跑马队伍啦？我没有。

从2015年身体出现一些问题后，每周周末或者节假日，我都会自驾到北京郊区或全国各地去，投入大自然的怀抱，去爬山健走已经成为常态化。平时每天给自己设定健走目标，循序渐进，坚持到现在。

记得第一次爬山时，爬到一定高度时开始觉得很累，气喘吁吁，就想坐在地上不走了。我先生鼓励说，再坚持一下就好了，熬过去这点就好了，连拉带拽地让我坚持。说实话过了那个坎儿就轻松了很多。当时

登海坨山露营看星星、看日出

我对先生说:"你说得有道理,我们同学王长滨说过,跑马拉松就有个临界点,咬牙坚持过去就好多了!但是需要训练,反复长时间训练才能做到。"

当我爬山爬不动时,心想就看眼前,一步一步往前走,目标就在前面,坚持下来肯定能到达目的地。到了山顶往远处看,一切尽在脚下的感觉很爽很痛快。跑马运动员到达终点时是不是也是这种感觉呢?

到了2020年5月,通过同学群知道2020年6月7日哈工

登泰山

登北京的百花山　　　　　　在乌兰布统草原上"飞起来"

大100年校庆日,要举行"哈工大之光线上奔跑挑战赛"。开始以为真的跑马拉松呢,没敢报,万一完不成咋办。后来同学们说不跑也没关系,只要坚持走下来就可以。我想这是百年一遇的事情,何况还有服装、奖牌和证书,哈哈哈……马上报名。

终于到了6月7日,我本想晚上8点多人少的时候出去健走,没想到同学们一大早就开始陆陆续续上报成绩了,这样下去我要变成倒数第一了。马上行动,出去一口气小跑+健走,顺利完成6.8公里!说实话,计时开始时有些担心完不成,但是跑着走着,很兴奋,好像完成一项使命一样。

坚持健走,坚持户外活动,让我体会到了毅力与信念的可贵,间接体会到了马拉松的精神、运动员的勇气,他们的坚持、毅力感动着我、激励着我。

我想没有哪个班能在大学毕业 30 多年后，同学们还是每天交流生活情况，交流运动情况，我们应该是独一无二的！这缘于马拉松带来的跑马情。

2020 年 6 月 15 日于北京

结缘哈工大

筑梦马拉松

沈亚红

迷马人生

2020年6月11日,我被拉进一个新群——编书材料初加工B群,看到了我的命题作文:"迷马女将"沈亚红。顿时百感交集,往事一幕幕重现在脑海里。

2015年,那是一个春天。在遥远的澳大利亚,我和同事们正在愉快地旅行。其间接到王长滨"总舵主"的微信,经过简单的寒暄之后,他表示想让我给2015年扬州马拉松班队当啦啦队员。我面露难色,因为我的行程安排是2015年4月17日回到南昌,而扬马是4月19日举行,经过二十来个小时的舟车劳顿,又要马不停蹄地转道扬州,感觉有点力不从心。

拗不过"总舵主"的执着,加上我集体观念还是挺强的,我勉为其难地答应了王长滨的要求。没想到他得寸进尺,第二天又要求我跑迷你马(因为有家属报名后因故不能参加了,为了不浪费名额,让我给替补上)。要知道,我从小到大连跑100米都气喘吁吁的,怎么可能跑马拉松呢?不知道"总舵主"哪只慧眼相中了我,我当即断然拒绝了他的无理要求。可禁不住他动之以情晓之以理,软硬兼施,软磨硬泡,最后我还是屈服了。

4月17日回到南昌,迷迷糊糊睡了一晚,第二天坐火车到了杭州,然后和大洋彼岸远道而来的海平以及地主张帆、亚彬一起驾车前往目的地扬州。稍做整理，接着又是迷迷糊糊睡了一晚，4月19日一大早就踏上了扬马之路……

也由此迷迷糊糊地开始了我的迷马人生。

"误入歧途"

因为接下来的2015年7月26日的旧金山马拉松我居然斗胆报名

跑出国门

了——尽管是迷你马拉松，但迷马也是马不是！

2015年7月23日，我们一行6人先后从中国各地出发到旧金山国际机场集合。7月24、25日在旧金山休闲游玩放松心情。海平同学还特地在家中设宴招待了我们一行人。7月26日早上开跑。次日早晨出发开启加州一号公路自驾游……

这次国际马拉松之行离不开美国的两位同学，一位是地主金海平同学，一位是导游梁列至同学。感谢金地主、梁领队历时几个月的运筹帷幄、周密部署、热情接待，就像加州的阳光一样，炙热而清爽。金马团队圆满完成了一次累并快乐的旅程。

2016年3月2日参加成都双遗马拉松。在小柳同学的陪伴下，一边

成都街头

聊天一边闷头跑，不留神跟错了队伍，从乐跑（5千米）变成了健跑（10千米）。当时一激动竟然觉得可以在有生之年实现"总舵主"对我的期望（半马）了。

接下来本来准备在2018年5月20日参加中国黄山歙县马拉松，因故无法成行取消了。

2019年3月24日我参加了无锡马拉松。这是自2015年4月第一个扬州马拉松后的第四个马拉松比赛了。这时又有了一点小想法：希望向第14个迷你马冲刺。

今年由于疫情影响，实地跑马进行不了，云跑还是可以有的。而今年

迷马姊妹花

规格严格

我要飞得更高

恰逢母校成立100周年，为了纪念这个特殊的日子，我们哈工大80级八系的24位同学开启了云模式，参加哈工大组织的百公里奔跑线上挑战赛，我也贡献了6.7公里，以这个特殊的数字纪念母校百年华诞。

就像张思明同学说的那样，虽然只跑了6.7公里，但是能在将近60岁的年龄，以这样的形式祝贺母校百年华诞，很特别，很有意义，也很开心。

还有对我个人来说有意义也很开心的是，我的正能量影响了其他几位女同学，让她们也能一起动起来，以这种方式为母校祝福。

动起来，为新的纪录喝彩；动起来，就拥有精彩未来！就像歌里唱的，希望我们在"总舵主"的引领下都拥有精彩的未来！

2020年6月12日于南昌

3 爱运动
享受美好生活

结缘哈工大

筑梦马拉松

张泮

用脚接触　用眼观察　用心感受

　　运动对我来说，是从读书时开始逐渐养成的习惯。读高中时，因为是寄宿学校，所以一般每天早上都有班级组织的早操跑步。进入哈工大后，经常也会在早上去操场锻炼，但不是每天，原因可能是上大学了，稍微有点放松，想多睡点懒觉。记得那时是班长还是书记时常来动员我起床，参加集体锻炼；辅导员、班主任有时也会和我们一起锻炼。准备考研究生期间，因为要一边上课一边复习，每天休息时间很少，为了保持良好的体魄，就每天凌晨起来去操场跑步。当时是冬天，跑道上积满了雪，操场边上还有一个大烟囱冒着烟。因为时间比较早，所以操场上人很少，很安静，可以一边跑步一边思考些问题，所以也不太记得烟囱冒出来的烟的味道。倒是脚踩雪地发出的嘎吱嘎吱的声音，那声音现在想起来依然清晰，仿佛就在耳边一样。

　　后来，去英国留学、工作，然后又到日本、新加坡等地工作。其间也有断断续续地进行一些锻炼，但没有形成习惯。在十多年前，一方面人到中年，感觉身体需要进行锻炼；另外一方面，也是受大学同学锻炼热情的鼓舞，决定进行规律性的锻炼。锻炼的时间大多选在早上，早上干扰少，容易坚持，并且经过早上的运动后，一天精力充沛，不需要喝茶、喝咖啡提神，更不需要抽烟。

由于工作关系，我经常出差，加之又喜欢旅游，所以我的行李箱里一定有一双跑步鞋和一套游泳衣，而我住的地方一定有跑步机或游泳池，这样就能保证我每天可以锻炼。我运动的兴趣比较广泛，高尔夫、滑雪、跑步、游泳、自行车、徒步、器械等都喜欢。但跑步和游泳对我来说是最喜欢的运动方式。这两项运动不像其他运动那样对场地和运动伙伴有要求，自己一个人可以根据心情随时随地进行锻炼。我发现对于经常在各国之间穿梭的我来说，运动是换时差的好方法。根据当地时间，早上起来做一次较大运动量的运动，晚上基本就可以有一个好的睡眠，时差也就差不多调整过来了。对于以前没有到过的地方，我一般会选择清晨出去跑步。早晨路上没人，我可以一边跑步一边观察风土人情、山川地貌。如果时间允许，回来的路上去当地的咖啡厅用个简餐，和当地人聊上几句，对当地的文化就增加了很多感性认识。通过这种方式，这些年来我在生意、会议、活动或旅游的同时，跑过八角街，跑过丽江古城，跑过罗布泊沙漠，

也跑过蒙古草原，还在南极圈的国家智利、北极圈的国家冰岛等地跑过。在嘉陵江畔，随着跑步的步伐，脑海里会闪现出少年时读过的《红岩》的情节；而当跑在威尼斯纵横的运河畔和塞浦路斯海边，盐野七生作品中的人物、情节就变得生动鲜活、栩栩如生。

跑过的地方多了，趣事见闻自然就多，在此借几张照片分享几个花絮：

这张照片是我在2012年去老挝的琅勃拉邦参加一个国际会议，早上出来跑步时拍的。大家知道，老挝是一个佛教盛行的国家，我也知道他们早上会有僧侣出来化缘，所以特意选了一个早上他们化缘的时间去跑步。琅勃拉邦的清晨非常清净，化缘的僧侣队伍有序、安静。通常年长的僧侣走在前边，年少的（好像老挝的男孩成年之前有到寺院里生活一段时间的习惯）非常可爱地跟在后边，所得到的布施通常也只是一勺饭、一勺菜或一块饼干，而所有这些布施汇集起来就是他们一天的餐食。布施者和僧侣在整个布施过程中完全没有对话，一切都是那么平静安详。

2013年因为参加一个国际组织的活动，我来到以色列。在特拉维夫，按照习惯，早上起来趁人少出来跑步。当时心里多少有些忐忑，可来到海边才发现一切担心都是多余的。跑步的人很多，我可能是唯一的一个亚洲面孔，路上碰到当地跑步的人，我们互相都会礼貌地打招呼。我发现以色列人的生活态度非常开放，房子盖得很实用，没有很奢华，车子也是实用型的，很少有豪车。但如果你参加他们晚上的PARTY或者去当地人家里做客，你就会发现他们食物的丰盛以及尽情的享乐。这可能是长期生活在巴以冲突的状态下形成的一种生活态度吧。

这是在耶路撒冷早上在老城里跑步时拍摄的。经和当地人聊天了解到，照片中这样打扮的人是不用做工的，他们的工作就是专心研究神学并举办神学仪式，政府会支付其基本生活费用。以色列犹太人中有很大一部分男人选择这样的生活，潜心向神，生一大堆孩子，靠政府补贴及太太的收入过简朴的生活。而其他世俗的人则将收入中的一部分交税，并由政府转移支付给上述家庭。以色列的科技及商业均很发达，或许，正是因为两者之间的平衡，整个社会还是比较和谐的。

2015年4月底，去美国的亚特兰大出差。由于是第一次去，又是《飘》的故乡，早上起来就想到街上跑跑。这张自拍是在出酒店后不久的街道上拍摄的。

上边这张照片，是2014年圣诞期间我们一家去意大利旅游时，在罗马和我女儿一起跑步时照的。可以看到，当时的天气已经很冷了，因为我们带的跑步衣服比较单薄，所以感觉很凉快。不过意大利人真的很热情，在路上碰到跑步的人，远远地就会打招呼。旅游期间，在大家还在睡觉的时候能和孩子一起出去跑跑步，增加感情，也算是一种额外的收获吧。

这张照片是在2019年6月去罗布泊无人区跟随考古队考察时拍摄的。早上起来，从帐篷里爬出，感觉到了无人区应该坚持老习惯，跑跑步。可是几分钟下来，感觉只能走走，不然有可能体力不支。

疫情期间，居家办公，时间较充裕，就充分利用我儿子的一辆单速车，每天骑行四五十公里，基本上把新加坡的各个地方跑了个遍。6月7号是母校哈工大100周年校庆，同学们线上跑步庆祝。我6号、7号连续两天每天骑

行50公里，凑齐100公里，也算是给同学们加油，为母校庆生。

记得几年前，在台北，住在君悦酒店，早上起来去游泳，其间进来另外一位泳者，速度比我快很多。后来我们在冲洗间相遇，就聊了两句。他先是说我耐力好，但姿势不太准确，所以速度上不来；不过他又说，其实这样很好，能够达到健身的目的。后来他让我猜猜他的年龄，我看他大概也就50岁的样子，身材极好。为了客气，我就说他45岁。可他说他已经75岁了，自君悦酒店的健身中心建成开始，他每天来这里健身，已经有三四十年了。我想我也应该向他学习，每天健身，争取75岁时也能和他一样。

回顾这些年持久的锻炼，体会颇多：

第一，运动给我带来健康，这些年很少感冒或生病。我不认为坚持锻炼人就能活得久，活多久是基因决定的。但锻炼会带来一个好的精神状态，锻炼会让你健康地活着。

第二，运动给我带来快乐，高尔夫球后，三五好友，一瓶好酒，几碟小菜，海阔天空，人生快意。滑雪、骑行会带来速度快感及刺激，冰雪运动后，泡入温泉，品一壶清酒，也是其乐融融。

第三，运动为我减压，使我的心情愉悦。我在运动中减压、思考，在

晨跑中享受那份孤独。

第四，坚持锻炼的人不良嗜好不会太多。

第五，有氧运动和无氧运动要平衡，一天之内你大概有几次把心率升到每分钟170次就够了，剩下的时间应该是耐力的训练，这就是运动的平衡。这种平衡不仅体现在身体上，也体现在心理上。比如滑雪，它是速度的快感和对未知的挑战，因为向下滑的瞬间会充满畏惧感；又比如高尔夫球，它是"唯一"的运动，因为它把所有的条件都给了，对手就是你自己，这对心理是有很大影响的……所以我认为，运动的种类越多越好，对身体、对心理都有益。

2020年6月于新加坡

结缘哈工大 筑梦马拉松

李克准

同学情　跑马缘　登山路

同学情

2018年秋天，芝加哥。作为东道主，我迎来了由6位大学同学组成的芝加哥马拉松跑团，他们是：万求必应、备受尊重的老班长孙柏春，张帆（又名阿帆——由于是江南人且热情而被大家赠与此昵称），还有我同窗七年（本科、研究生）的四位室友王海林、王长滨、金海平、刘亚彬。当初，听到芝加哥跑团组成的消息后我异常高兴。以前一直在网上观摩同学们跑马和聚会，特别期望有一天我们能在美丽的芝加哥相聚，亲眼领略同学们的跑马风采。这一天终于到来了！这次马拉松对长滨——我们的跑马引路人来说，芝加哥是他六大满贯（伦敦，柏林，东京，纽约，波士顿，芝加哥）的最后一站，当时全世界得到这一殊荣的有3千人，国内只有200多人，所以对于长滨来说这是非常荣耀的一件事。为此，海平也特意从旧金山赶来为长滨的这一历史时刻跑马助兴。

芝马战队成员

李克准 | 289

几小时后我来到终点附近，准备为同学们呐喊加油。意想不到的是，此次马拉松竟有4万多人参赛，而且服装都一样，中国选手又特别多，要找到我熟悉的面孔异常艰难。就在我不断寻找的同时，手机里陆续传来消息，长滨、海林、亚彬、柏春已相继到达终点。我变得急不可耐，看到差不多的面孔就喊加油，结果喊错了好几个。当真的阿帆出现时，我立即扯开嗓子大喊："阿帆加油！阿帆加油！"也许是芝加哥人过于热情，我的声音被巨大的声浪淹没了。阿帆没有反应，于是我就换了一个方式，开始有节奏地高喊："阿帆！阿帆！阿帆！"同时拼命挥舞双臂。阿帆终于听到了我的声音，但此时他已经跑过去了，可还是转过身来向我挥手示意——真心希望老同学熟悉的声音能激励阿帆加快步伐，冲向终点。最后一个是海平，在比赛的前一天，我们发现海平已经有伤。劝阻之后，海平仍然坚持要跑，而且一定要跑下来。当海平跑过来的时候，我立即高喊："海平加油！海平加油！"从他的跑姿来看，海平正被伤痛困扰着。尽管如此，当海平听到我的声音后，还是立即雀跃欢呼，向我挥手，跑过去之后，还不停地转过头来向我示意。我当时很激动，但也没有感到意外，这就是我熟悉的海平：坚韧不拔，永不言弃。不管有多大的困难，始终保持乐观的态度。

令人欣慰的是，这次马拉

沾沾自喜的东道主

松比赛，每个人都取得了个人最好成绩，长滨终于在芝加哥圆梦六大满贯。对于我来说，这是第一次零距离接触马拉松，感触颇深。在赛道上看到很多感人的场景：一位父亲推着自己残疾儿子的车跑着，一位盲人在家人（或朋友）的引领下奋力奔跑，一位失去双腿凭靠假肢的男子顽强拼搏，一对老年夫妇并肩前行……每当出现这种情景时，现场都会爆发出震耳欲聋的欢呼声——这，也许就是马拉松的真谛所在吧。

跑马缘

几年前，为了便于交流，跑马的同学们建立了跑马群。马群刚刚成立，我便要求加入，主要是想有更多的机会与同学们聊天交流。毕竟身处异国他乡，见面的机会不多。其实我并不是一个跑马者，几年前我的关节做了一个手术，手术后医生嘱咐我要避免任何对关节造成冲击的运动，其中首先是跑步。更让人痛心的是，我从此离开了自己酷爱的足球运动。随着关节的逐步恢复，我也开始了一些运动，主要是健走。加入跑马群后看到很多同学刻苦训练，我受到很大的鼓励。众所周知，马拉松是一项极具挑战性的项目，不仅是体能的锻炼，也是意志的培养，要花相当大的时间和精力。经过几年的努力，同学们都发生了很大变化，不仅是有了矫健的体形，许多人身体状况也得到极大改善，生活态度也发生了可喜的变化，确实令人鼓舞。看着自己渐渐发福的身材，我也决定加入锻炼大军。到现在，日行万步已是家常便饭，又增加了夏天的骑车和冬天的游泳。每次度假，登山也成了一个必不可少的项目。

跑马群的建立不仅对我，也对所有的同学产生了巨大影响。在我们这个年龄段，跑马并不一定适合于所有的人。许多同学根据自己的身体状况和爱好也开始了各种各样的活动——健走、游泳、骑车、登山等。跑马人不仅跑出了自己的风采，也为整个集体注入了健康和积极向上的活力。我

芝加哥云门留念

有时在想，为什么跑马群能有一呼百应的感召力？无论是严寒酷暑还是风吹雨淋都会看到跑马人的身影。也许是同学群让人回想起大学时代自己矫健的身材，抑或是青春期你追我赶互不服输的心态仍在延续？无论如何，我可以肯定地说：同学之间的相互鼓励远远胜于医生的建议和家人的劝告。

跑马群的另一个特点是，跑马促成了一次又一次的同学聚会。不管是在国内还是在国外，每次都有多位同学从各地赶来，其中有跑马的，也有做啦啦队员的。群上更有众多粉丝同学全天候地跟踪点赞和评论，这种热闹有时甚至会持续好几天，跑马同学的英姿、聚餐的盛况都成为谈资，不仅给同学们带来愉悦和欢欣、为生活增添了作料，更加深了同学间的友谊——跑马俨然成为联系同学情感的一个重要纽带。真可谓：想当年，五湖四海同窗读；看今朝，世界各地并肩跑。不亦乐乎！

跑马聚会结束后，最盼望的就是欣赏跑马团队特约记者柳宏秋的跑马纪实。宏秋是我们同届同学，管理工程系毕业，同时也是迷你马拉松的成员。她文笔细腻流畅，诙谐幽默，感人肺腑，图文并茂的美文生动记录了跑马人的风采及同学间的情谊，为我们留下了许多美好的记忆，令人回味无穷。

虽然在跑马群里没有我的跑步记录，但跑马群却大大改变了我，使我成为一个更加健康、更加积极向上的人。在敬佩跑马同学并祝贺他们取得优异成绩之际,也深深感谢这些跑马人给我的鼓励以及同学聚会带来的快乐。

登山路

2014年春季我们全家游览了大峡谷、Zion等国家公园。这次旅行给我带来很大震动。这是多年来我第一次走进大自然。大峡谷的宏伟壮观令人震撼,Zion的美丽让人窒息。耸立的高山、蜿蜒的溪流、广阔的山谷、五颜六

会师风城

色的岩石,让人目不暇接、流连忘返。从此我与登山结下不解之缘。几年

俯瞰美丽的峡谷

下来，登山已是我生活中的一部分，从一开始的简易型到适中型，再到最后的艰难型，从一小时到十几个小时，再到宿营在山里、欣赏日出与日落。几年的登山锻炼我的了体魄，开阔了我的视野，丰富了我的生活。我有很多感想，随便跟大家聊聊。

像马拉松一样，登山不仅仅是对体力的苛求，也是对意志和耐力的考验。记得一开始登山时，好几次筋疲力尽，真想放弃。但看到近在咫尺的山峰（实际上比想象的要远得多），又不肯放弃，便咬着牙、硬着头皮艰难爬行。当我登上山峰，站在云海之上，激动与骄傲的心情难以言表。登山的感受也多种多样：有时遥望巍峨群山，俯瞰千百万年形成的地貌，觉得人类如此渺小、人生如此短暂；有时站在沙漠谷底，仰望半山腰的标志"海平面"，又有一种莫名其妙说不出来的感觉；等到夜幕降临，我才发现星星是如此明亮，夜晚是如此宁静！对于生活在灯火通明、嘈杂热闹的大都市里的人，这一切似乎已经不自然了。以前听说大自然可以陶冶人们的心灵，作为理工男，我的直白解释就是：当你面临工作或生活压力时，登山会让你感到轻松；当你闲着无所事事时，登山会让你感到充实。

登山也让人不停地思考。在优胜美地国家公园十几个小时的登山过程中，我曾经想过，如果有一天人们开始上山伐树，在山峦之间修建一个水坝，会怎么样呢？千百年来人类一直同大自然做斗争，什么时候人类能和大自然和平共处？以前看过一些节目，介绍先驱者们为了保护自然与利欲熏心的财团做长期艰苦斗争的故事。我们今天能够尽情享受大自然的原始与美丽，要归功于这些先辈。忽然又有了一种责任感，为了子孙后代，我们应该做些什么呢？

扯远了，假期即将结束，还要回去工作，弥补延误的项目；车也该换油了，又要送孩子们上学了……

想起看到过的一则广告：

"我们为什么要登山？因为我们知道等待我们的将是什么。或许，我们还有一个愿望，在我们已知的生活中还有更多……"

在瑞士阿尔卑斯山

2020年6月19日于美国芝加哥

结缘哈工大　筑梦马拉松

李志杰

我与篮球的故事

篮球，是我人生中一个重要的伙伴和标签，它不仅带给我快乐与健康、掌声与荣誉，还给了我许多人生选择的机会，当然，我为它也付出很多很多。大学 4 年，我给同学们留下的最深印象，可能就是球场上我和它的一些难忘瞬间吧。在纪念母校百年华诞的活动中，我想给大家讲述一下"我与篮球的故事"，特别是我与它在球场外发生的一些曲折的故事，希望能再次勾起同学们对青春时光的美好回忆，并以此感谢学校领导、老师和同学们的关注与关爱。

与篮球结缘

记得小学三年级时，篮球运动开始在国内风靡，邻居哥哥们在院内自建了篮球架，我也被深深吸引，并逐渐从场外小观众、小球童，成为场内的小队员、小球星。从那时起，篮球走进了我的人生，并与我结下了一段难以割舍的情缘。

走上赛场。四年级的时候，我如愿加入了学校组建的首支篮球队，并且成为主力队员，而我对篮球的痴迷也进入了"发烧级"。那个年代，没有兴趣班，没有私人教练，我只能抓住每次全市举办职工篮球赛（当时很多企业招录了职业转业球员，堪称专业队赛事）的机会，在不耽误上课的情况下，在邻居哥哥们的带领下，跑到比赛现场偷学球技。我把场上运动员的动作记在脑中，回来便开始模仿他们的各种标准动作和高难技术，反复练习。就这样，我的球技大幅提升。

初露锋芒。至今我还记得五年级的那场比赛！我作为队长，率队夺得了道外区冠军并参加全市决赛，虽然只得了亚军（冠军为哈量子弟校，其核心球员身高有1.76米，我当时的身高为1.64米，属于队中高个队员。身高相差悬殊），却使我们队的知名度达到巅峰！这不仅缘于我们"回民小学"名字就比较引人好奇，也由于我们队的双胞胎前锋——一个左撇、一个右撇——与我的快攻配合特别专业、默契，成为我队的制胜法宝；此外，我的超群球技也是我们球队扬名校内外的第三个原因（这真不是吹牛）。我想，这主要得益于我之前的刻苦研习，使我那时便可以做出快攻中的背后传球、转身过人等一些专业队员都少有的高难动作。这次球赛，不仅引起了其他参赛队和球迷等高度关注，同时也使我被第27中学和市少年体校主教练选中。从此，我的篮球生涯进入了"球星时代"，在全市中小学篮球界开始有了自己的"粉丝"。

开启"职业"生涯

由于表现突出，我的球队基本上整建制地被第27中学录取（全市常胜冠军队），同时我被市少年体校招录。人生道路上因篮球而带来的艰难选择正式开始。

艰难平衡。1975年我升入中学后，国家开始计划恢复高考，班主任严抓文化课学习，上课时间由半天调整为全天。可当时，我每天下午要参加体校的训练，为此，班主任和教练（都是性格刚烈的男老师，而且是好哥们儿）为我发生争执，双方各执己见、互不相让。而我，学习和篮球都不想放弃。我一直很争气，不但成绩不差，还作为4名队员之一代表学校参加了全市的数学竞赛。站在十字路口的不安和纠结，对成年人都是一种煎熬，更何况一个小孩子！不久，我患了麦粒肿，并且严重到无法正常学习和打球，教练领我到医院做了手术……

擦肩而过。初三时，按照当时的政策，姐姐要下乡了。父亲为了把她留在身边，便托人找了一个招收篮球专业队员的生产建设兵团，准备让我替姐姐下乡。我毫无怨言。但父亲在征求教练和老师意见时，遭到了严厉批评和反对。他们觉得父亲的做法是"卖一个搭一个"，即便我去了，姐姐也留不下；而我因年龄尚小，很可能因无法承受成年篮球队的训练强度而被淘汰转为务农。父亲权衡利弊，最终被教练说服，我留了下来，方有机会与大家同窗。

中学时代可谓经历了各种人生大考，好在结果还不错。篮球水平始终保持全市"球星"级别，考入了第四中学。

鱼和熊掌

忍痛割爱。似乎因为篮球，我总是处在选择的路口。高一的第一个暑期，全省青少年篮球联赛与高考关键的补课假期发生冲突。面对艰难抉择，经过综合考量后，我痛苦地放弃了难得的参赛机会，全身心地投入到关键的高考补习中。放弃篮球比赛，这也是我能够成为哈工大学子的原因吧，正因如此，我从未后悔。

最难忘的比赛。那是我上高二时，全市将举办重点高中首届"三好杯"篮球赛，学校立刻组队备赛。我"重返江湖"并担任队长。在教练老师的指导下，我率领队员刻苦训练，精研战术。功夫不负有心人，最终，勇夺冠军。值得一提的是，在与第一中学的"上甘岭战役"中，在客场作战的巨大压力下，我们以微弱的差距输掉了比赛（后对方因违规使用了2名毕业生而被取消成绩），但整场比赛，我超常发挥，多年练就的全部高难技术全面爆发，发挥到了"疯狂"的地步，以至于来自对方师生鼓励的掌声都接连不断。这是我篮球生涯中，最精彩、印象最深刻的一场比赛。

经受过初中的磨难，我掌握了一套处理学习与打球之间矛盾的有

我在前排左一

效方法。在"一模考试"总结大会上,校长把我作为德智体全面发展的典型予以表扬,并以此鼓励大家。最终,我在高考中取得了全校排名第二的好成绩。

相伴哈工大

选择哈工大。填报志愿是一件决定终身的大事,同时也是一次令人纠结的选择。当时没有体育特长生政策,报考北大存在一定风险,于是,第27中学的老师领我到哈工大找到孟宏震老师,探讨哈工大可否以运动员名义,通过第二志愿兜住我。而答案是否定的(当时,哈工大指标全部投入第一志愿)。为保险起见,我将哈工大作为第一志愿,并被顺利录取。

加入校队。入学第一周的一天早上,我还在睡梦中,体育部王平周老

我在前排右二

师来找我，让我加入校篮球队，第二天早上就要参加训练。每天的训练，场外都有一批球迷。与我同时入队的新生还有五系的吴石林和关钊。当时国赛和省赛要求，场上必须有至少1名新生队员。尽管我是以新生身份成为主力队员的，但我的技术水平并没给全队拖后腿。当时哈工大一直作为全省冠军队，每年参加国赛。

绝配组合。最能代表我的技术水平的案例里，除了小学和中学时代我与双胞胎前锋的默契配合外，与李晋年师兄的配合不得不提，而且是哈工大球迷有目共睹的。我的职责不是得分，而是给大家创造得分的机会。应该说，我和李晋年师兄是绝配，在国赛场上都是一道风景。作为主打篮下的中锋，他个子不高，弹跳不高，块头不大，力量不强，但他灵活多变的篮下转身动作，加之难以防守的左撇子，让人防不胜防，很少被盖帽。说实在的，给他"喂球"确实不是一件易事，要对他的动作节奏、步伐、接球方式和位置、内心想法等了如指掌，同时还要在严密的防守中找到或创造最佳传球的机会和空隙，应该说，当时大师兄对我的"喂球"手艺是最满意的。

因它留校。1983年暑期，我因为参加全国篮球比赛而影响了考研，而毕业前夕，托篮球的福，我又因校队队员的身份得以继续留校，继续为八系效劳。其实，大学4年，难忘的何止是球场上的挥汗如雨，对于我们来说，人生最美好、最浪漫的时光在哈工大度过，这期间有无数点滴定格在记忆里。而我又何其幸福地在毕业后留校任教，继续在母校的怀抱中汲取养分和力量。

回顾我人生的上半场，我和篮球从结缘到相伴，它已经成为我一生的知己。转眼即将步入人生的下半场——退休后的生活，我想篮球还将陪伴我度过幸福、快乐的余生。特别是我4岁半的小孙女,已经展现出对篮球的热爱和悟性:带球跑、三步篮、左右手拍球和左右手前后倒球等基本功的动作很像样,而我,也将由组织后卫调整为教练。

最后,我想感谢哈工大的培养,感谢同窗的陪伴。祝母校桃李芬芳、再创辉煌,祝同学们青春不老、幸福安康!

2020年7月5日于哈尔滨

结缘哈工大　筑梦马拉松

荣瑞芳

运动快乐

说起来，我还是喜欢运动的，只不过更喜欢有器械或球类的运动。比如健身，1985 年曾参加过一期健身培训班，胸肌和腹肌都练得有些模样了，腹肌至少可见三块（现在又变回一块了）。我不喜欢单纯的跑步，觉得机械、单调。然而今年恰逢哈工大百年校庆，高兴欣喜之余还是想做点什么，受同学影响报名参加了 6.7 公里个人跑和 100 公里团体跑活动。说到做到，我于校庆当日环风景优美的玉渊潭公园东西湖畔连跑带走完成了 10.5 公里，也算超额完成了任务。当在班级微信群报告成绩时，富宏亚说我是骑行高手，完成 6.7 公里没有问题。我说骑行练大腿，跑步小腿酸，其实每种运动练的肌肉群不同，多参加些运动项目相互间会有弥补，也能体验到不同运动的快乐。我喜欢的运动有点多，篮球、足球、排球、羽毛球、骑自行车、游泳……水平有限，玩玩而已，但却是快乐的源泉。

很荣幸 1980 年考入哈工大，融入这个一直让我引以为傲的群体。哈工大的严谨和高规格给我留下极深的烙印，这是我在自己的职业生涯中坚守的信念由来，也成为指引我前进的启明灯。秉承哈工大"规格严格，功夫到家"的校训，接受严格专业训练的我，在工作中也一直在努力。养成锻炼的习惯也是从在哈工大上学的时候开始的，那时除了上体育课，业余时间主要的运动项目就是踢足球，大多时候是我们班同学自己踢足球，有时还参加班级间的足球对抗赛，特别是 8081 和 8083 的足球对抗赛，这也成为毕业后两个班同学聚会的重头戏——因足球对抗促成同年级同系的两个班一起聚会，切磋技艺、增进友谊，亦可成为少有的佳话吧。

跑马助威

每天业余时间我都会想到运动，有的是别人组织的，有的是我张罗的。每项运动都有朋友群，乐于参与其中，在集体活动中感到快乐。实在无法参加群体活动（如疫情期间），我也要走一走，目标是每日至少一万步，但经常达不到。一般情况下我是不愿意设定目标的，因为那会让人感觉累，所以我特别佩服班级那些跑马者的毅力。我参加过两次同学跑马助威活动，一次是北京马拉松，我开车带同学到终点去接完赛的选手，受交通管制的影响，车停靠在了北五环，害得同去的同学来回走了一个半马！另一次是哈尔滨马拉松，让我印象深刻的倒不是跑马者，而是助威团的路双立夫人，她在路边努力在人海中寻找着每一位参加马拉松的同学，看到后就欢呼雀跃、呐喊助威，也使得我们能够找到他们，给他们拍照。事后翻看照片无意中发现一张孙柏春在跑马人群中回头的照片，也许是听到熟悉声音的缘故吧。

第一块个人奖牌

我是在哈工大的体育课上第一次接触滑冰的。第一次上冰就能站起来，这给了我很大的鼓励，并喜欢上了这项运动。工作后，单位有一个水塘，夏天能游泳，冬天能滑冰。第一年的冬天我看人家滑冰，那叫一个羡慕。偶尔穿上人家的冰刀，冰上走一走，感觉很爽。于是攒了半年钱终于拥有了自己的冰刀——黑龙刀。这成了我的第一个运动宝贝，每次滑完都仔细打磨，精心擦拭。它也很记得我对它的好，让我在第一届华航教工速滑比赛中赢得本人唯一一块个人冠军奖牌。冬天滑冰成了我的习惯，甚至还曾抱着幼小的儿子满场滑。去年在紫竹院公园看到有冰可滑，赶紧穿上冰刀试了试，结果站着都费劲——宝刀变老了。随着全球气候变暖，现在北京已很难找到合适的冰场了，偶尔摸摸二十多年没有派上用场的冰刀，还是很亲切的。

因运动结缘

1999 年，单位选派我作为高级访问学者到德国里根斯堡应用科技大学深造。有一天，当我走出所住公寓楼层的电梯时，同楼的威利 (Willy) 叫住我，执意让我穿上旱冰鞋。我当时有点蒙，不知何意，但还是在他的强迫下穿上了。当我穿好鞋刚站起身，就看见那个喜欢恶作剧的法国人马克西姆向我冲过来，推搡着试图把我摔倒。我挣脱后赶紧躲避。撕扯中，我被推着倒着滑，刚开始不得要领，滑着滑着就有了感觉，始终没有被他摔倒。毕竟有滑冰的基础嘛，之后就变成我们一起滑行。我们一起多次滑行在多瑙河边，见证了德国人对运动的喜爱和运动形式的多样性，看到了高架桥下激烈的足球对抗，多瑙河上多只皮划艇河中竞速，还有沙滩排球和旱地冰球等多种平民百姓进行的运动项目，也曾在 DOM 教堂和石桥附近滑行，感知里根斯堡的历史和文化，欣赏德国教堂的宏伟和城市楼房的雅致。

通过运动结交了一些朋友，我周末不再寂寞。楼里的地下室就有乒乓球桌，与德国人打乒乓球你会有优越感：他们人高马大，动作幅度也大，几乎每个球都好像是用尽全身力气拉过来的，你只需找好角度推压把球回过去就行了，借力打力；他们大汗淋漓，你却轻松面对，这种感觉很爽。其实德国人的运动项目很丰富，比如有一天桑德教授说他三天后要开飞机从里根斯堡到帕绍，问我想不想跟他去，我很愉快地答应了。三天后的清晨，我们一起来到飞机场。飞机场很小，四周森林密布，是专供飞行俱乐部会员使用的。飞机是一架小型双翼教练机。一切准备就绪登上飞机，我坐在副驾驶位置，桑德教授与塔台联系申请起飞，得到批准后启动发动机。飞机缓慢滑行到跑道起点，检查仪表盘各项指标正常后开始加速，非常强的推背感。桑德教授拉起操纵杆，飞机飞入空中，离地的瞬间你会明显感觉到后背的压力变小，既紧张又兴奋。当飞机飞行在树梢上方逐渐上升时，你能很清晰地看见地上的物品，心里感到有点恐惧和担心。当飞机飞到一千米高度时，只能看到人的大致轮廓，心里反倒释然了。在飞行途中桑德教授给我扼要讲解了飞机操作要领，并把操作控制权交给我，让我有幸在空中平稳驾驶了五分钟——这短暂而铭刻在心的经历我时常想起，感谢桑德教授！

2020 年 6 月 21 日于北京

结缘哈工大

筑梦马拉松

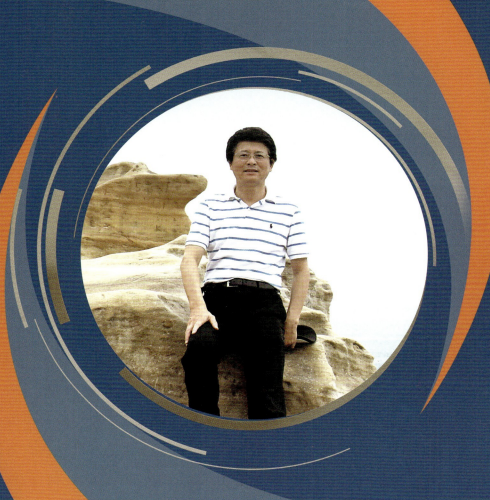

顾荣荣

海外游记

（一）以色列之行

以色列地处地中海东南沿岸，在军事科技产业、半导体工业、农业、物理学和医学上十分发达。有一次因工作需要，我在以色列待了一个多星期。

这是五月中旬的一天，我收到全球最大半导体装置厂商 Applied Materials 的邀请参加一个授奖仪式。这是两年一度的盛大活动，从全球三千多家供应商中评选出三家有杰出贡献的厂商。我们公司作为获奖企业被邀请。接我的是当地代理店的负责人，晚上出机场去宾馆途中，带我去了几个景点。他一面介绍景点，一面告诉我说到处都很安全。除了主办方的旅游活动外，他们另外安排带我们去死海和耶路撒冷。

果真，一路上多是沙漠，没有一个人影。后来地势越来越低，最后到达了世界最低、海拔 -430 米的死海。

这里气温极高，五月的早上已达 50 摄氏度。下海之前，被告知水中有三件事情不能做：不能潜水，眼睛不能进水，还不能排气。每人带上一大瓶水，万一眼睛进水，马上用大量的水冲洗。死海的盐分浓度高达

30%以上，不会游泳的人也可以浮在水上。实际上一下水，由于浮力大，浮起容易站立难，一不小心就横躺起来。

漂浮了一会儿，上岸冲洗一下，吃过午餐，

去死海途中

就赶往耶路撒冷。参观了哭墙，游览耶稣背着十字架受刑的石头路。现在这条路已成了市场，摆着许多小摊，卖些石头之类的东西。晚上在海边一个据说是当地最高级的饭店吃了个西餐，这里要提前很久才能预约到。食材全部是本国产的。原来以色列还是一个农业大国。城市很繁华，半夜还是车水马龙。

（二）北海道之行

北海道，是个熟悉的名字。早在哈工大读书的时候，我就从广播节目中听到。那个年代，电视还没有普及，人

漂浮在死海

们喜欢捧着收音机听一些广播剧。其中有一个是日本电影《追捕》，有一段描写了主角在北海道的逃亡生活：风雪交加，黑熊出没。记得班上有位梁同学，模仿的台词特别像："杜丘，你看，多么蓝的天，走过去，你可以融化在那蓝天里……"一晃几十年，那段记忆仍像发生在昨天。

终于有一次想起去看看早年留下深刻印象的北海道。由于经常有报道：冬天有游客被困，几米深的积雪把住户困在家中，每年因扫雪从屋顶摔下造成多少伤亡，等等，所以，我避开冬季，选了气候宜人的初夏。

开始几天我主要在一些城市和周边旅游，游览了一些温泉、湖泊、火山口等，游客很多，与一般的地方没有什么两样。离开的前一天我到了北海道的富良野，这是一个比较偏僻的乡下。当地政府种植了大片花草，吸引了大量的游客，热闹非凡。在富良野玩了一下午，我就前往北海道道都——札幌，以便乘次日的航班返程。

刚出发路过一个加油站，我看一下油箱指示还可以跑80公里，就没在意，想过会儿路过加油站再加。开了一段，渐渐发现人烟稀少。后来进了树林，感觉空气很清新，空中飘散着杉树的清香，这才是真正的北海道！没看到人，也没看到车，路却修得很好。不知不觉中开了40多公里。树林真大，一路过来没有看到一个加油站。再一看手机，发现没有信号！一查车上导航仪，没有标加油站！这时，我开始有些不安，眼看天色已晚，树林中本身光线就不好，已经开始有些暗了。前没有车，后没有车，是继续往前还是从旁道出去？一看油箱指示还剩30公里，离目的地还有80多公里，难道这次要被困在这树林里？想起前些时间看到北海道村庄还有野猪和熊出没的报道，我不禁倒吸一口凉气。

我继续硬着头皮往前赶路，忽然看到前方路边有个农妇摆摊，在卖些蔬菜水果什么的。下车问了摆摊的农妇。她热情地告诉我,往前没有加油站,要往后退5公里,然后往右……

最后我终于找到了加油站,又过一会儿,看到了城市的灯火——离札幌已经不远了。还是"人间烟火"比较有安全感。

北海道梦幻蓝湖

富良野花田

2020年6月22日于日本大阪

结缘哈工大　筑梦马拉松

张立滨

我喜欢的运动——Hiking（远足）

我们80级八系的同学中，很多人都喜欢马拉松运动，我偏爱的运动却是Hiking。

Hiking有人翻译为健走，有人翻译为登山，是加拿大比较普遍的一项运动。我对Hiking的理解，这是包含了远途健走和登山的混合运动。我在这里谈的都是Day Hiking，不需要过夜。有些比较长途的Hiking，需要露营，则要准备帐篷、睡袋等，是相当于负重的Hiking，难度更大

一些。

我第一次去 Hiking 纯粹是为了看美景，朋友介绍北温的 Deep Cove 景色很美，非常值得一游。于是我在一个休息日踏上 Hiking 之旅。这是一条初级的路线，难度系数很低，长度 3.8 公里，高差 100 米。可以很轻易地完成。在终点的奖励就是美景。

在欣赏美景和锻炼身体的驱动下，我开始了 Hiking。有时间就去搜寻好的 Hiking 线路，如 Buntzen Lake Trail 长度 9.8 公里，高差 274 米。Shannon Falls Trail 长度 7 公里，高差 450 米，等等。但总的说来，这些路线都比较容易。

终于有一天有人介绍了 Joffre Lakes Trail，这是个难度系数中等的路线，长度 10 公里，高差 400 米，需时 4 小时。从温哥华开车要 3 个小时才能到 Hiking 起点，算上返程要 10 个小时以上。

于是，我选了一天，早早出发，来挑战这个线路。全程分三段，每一段的终点都有一个湖作为标记。分别为低湖、中湖和高湖。进山不远，就看到了低湖。

平静的湖水和雪山蓝天交相辉映，让你在运动中忘记了城市的喧嚣。

来不及感慨，又返回了上山的路。

在林间穿行，虽是持续上山，但路况还可以。中间路过小溪，途中听着鸟儿欢唱，让人备受鼓舞。中间还会有一些观景点，能看到远山和山下的低湖。

继续前进，到了第二个湖——中湖。这儿的湖光山色让你有炫目的感觉。青山绿水相互映衬，让你想高呼，想尖叫。在这儿短暂停留休息，主要是拍照。

继续前进。从中湖到高湖，坡度开始变陡，难度大大增加。已经没有了路。有些地方需要手脚并用。

在途中有个小瀑布，算是小小的奖励。

终于,到了线路的终点。第三湖——高湖就在眼前。冰川形成的高湖和背后苍茫的雪山让人震撼。

从 Joffre Lakes Trail 回来后,受同学们跑半马、跑全马的影响,我一直想挑战难度系数大一些的线路。在去 SAN DIEGO 度假时实现了这个愿望。

在离 SAN DIEGO 一小时车程的 Woodson 山有一个线路,叫 Potato Chip Rock 线路。

难度系数较高,长度 12.1 公里,高差 867 米。

于是在 SAN DIEGO 度假时选了一天,来征服这个线路。这是个到处都是石头的崎岖山路,高差大,要合理分配体力。而且没有高大的树木,一路上阳光直射,非常热。出汗多,要及时补充水分。

经过 4 个小时的攀登,终于来到山顶。看到了 Potato Chip Rock。真的很形象。这探出的石头真像一片薄薄的土豆片。

现在我已经喜欢上了 Hiking 这项运动。这是一项很好的户外有氧运动，强身健体，放松心情，舒缓压力。而且你可以自己选择控制运动的时间和强度，是个一辈子的运动。

当你穿行在林间，闻到的是花香和草木香混合的迷人的气息；当你跨过小溪，遇到瀑布，感觉到的是负氧离子的围绕；而时常你又能听到来自小鸟的轻语问候，让你的身心更贴近大自然。我相信会有很多人喜欢这项运动。

2020 年 6 月于加拿大温哥华

结缘哈工大　筑梦马拉松

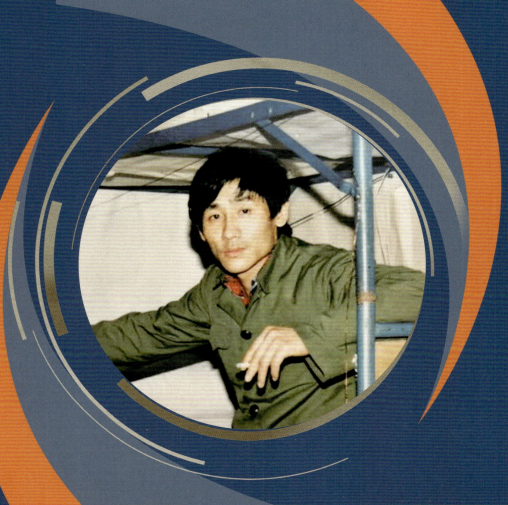

马云辉

室友，球友，跑马人

母校百年华诞，是可喜可贺的大事件。原本班级干部准备借此东风，组织一下我们入学40年聚会，叙同学旧情，话母校新貌。然计划赶不上变化，想起了毛主席诗词："绿水青山枉自多，华佗无奈小虫何。"在科技日新月异、经济蓬勃发展之际，高速运转的社会被小虫子踩了急刹车。无奈，只得放下驿动的聚会心乖乖在家待着。可班干部们心不甘，变着法儿地"找事"，终于整出这么个"幺蛾子"，逼着我等伏案写作，以文聚会。也好，以此共贺母校百年，纪念我们相识40年。

1. 考入哈工大

一次极佳的考试发挥，高攀进入哈工大。当时报的是激光专业，认为搞这东西毕业一定留在大城市。分数不够，服从分配来到八系。四年间与同学们朝夕相处，同苦同乐。

2. 1061寝室记忆

有道是：百年修得"同窗读"，千年修得一屋住。刚来到哈工大，办理各种手续手忙脚乱，最后安顿到了1061寝室。刚开始大家都不熟悉，小心打量，暗自揣摩。经过一段时间，有些发现。

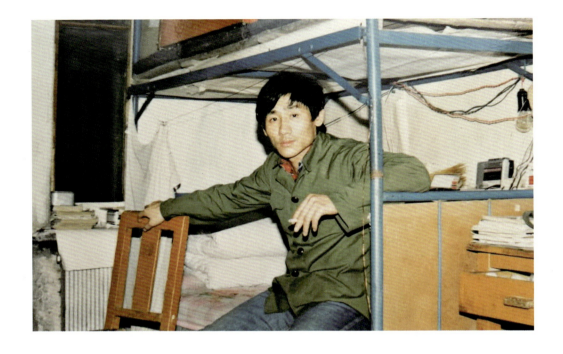

按个头从大到小说来：

孙柏春，班长。身材高大，长相帅气，着蓝色涤卡上衣，戴一顶蓝色涤卡帽，有乡长派头；不大的丹凤眼带着笑意，诚实中透着善良；有书法绘画功底，时常找机会给大家露一手；得益于美术训练，绘图课上尽显优势，图纸规整干净，线条粗细有致，尤其是绘图铅笔修理得中规中矩、从不马虎，即便是大家推崇的高手孟春祥也望尘莫及。

孟圣达，书记。瘦高俊逸，面色严峻，穿戴整洁，镜片后面

那双清澈的眼睛，时刻审视着周围。曾经练习过射击，自律、忍耐、坚持的性格对学习和生活都有莫大影响。为人处世一丝不苟、从不逾矩。

王东鹏，身材高挑，眼镜圈多。朱可夫、卢克索夫斯基、科涅夫等元帅、将军他如数家珍，常听他说《静静的顿河》和《这里的黎明静悄悄》，俨然卫国战争史专家。我只有听的份儿，不敢插言。只有孟春祥可以掺和争论几句。说来遗憾，大学之前本人仅读过一本小说，好像是《大刀记》，讲抗日故事的，大学期间也无暇他顾。

王守城，腰身挺拔，玉树临风；有内秀，善棋牌；步履矫健，足底生风。家乡特产"莱阳梨"，以歪把为真，带来分而食之，果然汁多渣少，别有滋味。

孟春祥，陕西宝鸡人，经常和东鹏一起去图书馆借阅成摞的小说，偶有《冰山上的来客》和其他电影台词自嘴边溜达出来，还有《花儿为什么这样红》的歌曲哼唱。常穿绿色军衣和一件土黄色上衣，斜挎书包，走路时一直在思考，属独行侠客。老孟独霸班级信箱钥匙四年，一般的逻辑是个人私密信件颇多怕被发现，再就是对信件的期盼急切，怕别人分发不及时——到底有什么故事只有老孟知道。

孔令安，说话高音大嗓，京腔京味，中气十足；面宽额阔，挺胸昂头，目视高远，有领导范儿。和林金国是8081班常驻特使。一直以为是北京人，竟来自张家口。

林金国，是两班的小弟，浓眉下双眼充满智慧，方言口音浓重，有时听不明白他讲什么。年少不解风情，看到男女同学在一起，常常会说一句："什么蓝蓝绿绿（男男女女）！"性

格执拗好强，在毕业20年北京聚会时的两班足球赛上，因奋力追球，速度起来后双腿跟不上而扑倒在地——为了班级的荣誉也是拼了。可惜斯人已去，只留唏嘘。

还有本人，马云辉，初到寝室很多同学都诧异，"来个大叔"。个头不高，面色黝黑。后来熟悉了同学们都"夸"我黑，老康更夸张，说我掉到地上都找不到。记忆中四年里一件绿军衣、一件蓝涤卡衣服好像穿到毕业。四年学习连滚带爬，英语学习尤其不得要领。

本室多孔孟，仁义礼盛行；和谐相处，风清气正，其乐融融。后来有了变故，据说别寝组织纪律涣散，

程老师为加强政治工作，利用班长的正能量和影响力，将其调入他寝，以正室风。

3. 篮球

8083班篮球队，人手齐备，各个位置都有不错的配置。尤其是校篮球队队长李志杰，篮下脚踏莲花，篮上手拨浮云，辗转腾挪脚步轻盈，姿态曼妙简直像做艺术体操。后来由顾德库书记带队，我有幸和志杰、李晋年、陈国祥等师兄一起代表系里参加学校院系比赛，曾取得过第三名的成绩。

体委路双立，不但足球踢得好，篮球也玩得转，前后中场路路通。班副刘津辰也是一把好手，篮板、运球有板有眼。张毅，手掌大，抓球稳，摘篮、运球样样行。还有荣瑞芳和其他替补实力不容小觑。和8081班比赛，有压倒性优势，用现在的词叫"吊打"。海林虽威猛，无奈独木难支。如此，两班比赛缺少竞争性，篮球渐渐被冷落了。

4. 足球

大学四年足球运动如火如荼，经久未衰。究其原因，或许是一项相对简单的运动，场上22人可以为一个圆球互不相让、奋力相争，输球的遗憾和懊悔，胜利的喜悦、骄傲和满足，都让人回味无穷。结果是汗流浃背、气喘吁吁达到了锻炼目的。

有一段时间，8083班足球名声在外，据说水平列80年级前三甲。列位神仙也喜滋滋，自视甚高。

倪厚根：校足球队运动员，是场上灵魂，身体轻灵，眼观六路，脚上功夫细腻，坐镇中后场——当然，通常前场没他的位置，常有几位好汉争先冲杀，不甘人后。比如徐荣棣、荣瑞芳、冯德臣等。给人印象深刻的是以厚根为代表的南方同学，特别耐冻，冬天穿秋裤、夹（单层）皮鞋，走路时两手插兜双臂贴肋、缩脖端肩小碎步。看得我们北方同学直打寒战。

路双立：班级体委，全能选手。身体精瘦，精神饱满。技战术及足球素养高。开赛前组织战术布置，行领队和教练职责。意见常和厚根相左。但实际上，比赛开始后大神们各自为政，毫无组织原则，想往哪跑往哪跑。

徐荣棣：百米速度快，帅哥一枚。一双顾盼生辉的牛眼饱含智慧和狡黠，在对8081班比赛时就玩过假摔。对足球认真偏执，人跑得快，但因足球跑得比他还快，所以总和球较劲。在场上一直看他追球，没见过控球，很少传球，偶尔也有进球。

冯德臣：白脸，蓬松发型，悟性好，可能是没遇到好师傅，动作和姿势不够洒脱，黏球，爱盘带；常眼不离球，双臂张开，两腿微曲，底盘下沉，左行右移像老母鸡护小鸡，又像满地找牙；总往前锋位置跑，幸运时也有斩获。

孙柏春：班长，积极热情，在场外试几脚挺像那么回事，但当初算不上绝对主力。场上的重要性和厚根比肩，能前能后，能盘能带，能攻能守，简直是万能选手。

孟春祥、张立斌：双眼镜后卫，沉着稳健，人球分过，大脚解围稳准狠。尤其孟春祥，截下球后，观察场上局势，过人盘带，颇有大将气度；对足球技战术理论也有特别研究。

荣瑞芳：司职中后场，突前意识强，善大脚。一次，对方球门前近在咫尺的拼抢，他伺机一脚怒射，球直冲云天，为对方解了围。同学们事后研究他当时的体位脚法，终不得其解。

张毅：第一门将，因手大称其为"大手爪子"，抓、控、推、托很有优势。重要赛事中偶请大将李志杰出场，个高臂长手法好，可谓铜墙铁壁，力保金门不破。

姚英学：非主要参赛人员，对8083班足球影响深远。足球课上，趁郑老师不备，随便一脚，球稳、准、狠，直扑郑老师面门。老师双手掩面，久久不敢直视同学们，暗自思量8083班足球不能再教了。自此8083班所有足球赛事老师从不过问、不指导。

实践证明，平时没有演练的战术布置都是扯淡，8083班足球强大也是徒有其名，在学校组织的80级班级比赛中毫无斩获，真实水平和8081班在伯仲之间。在校时，8083班仰仗厚根、老路还有其他同学的生猛和人多势众而略占上风；毕业后，8081班靠海平、长滨和海林三驾马车精英战术，凭神脚张帆助力，谢、戴、曹的鞍前马后，门卫亚彬的神勇，双方势均力敌，数次聚会的比赛，可谓互有短长。

5. 跑马

哈工大80级八系跑马运动发源于8081班。王长滨、谢卓伟、海林是先行者，后队伍不断扩充，长滨被推举为舵主。如今跑马已现燎原之势。

成功在于跑马群的建立，群里对所有跑马践行者，无论跑多跑少、跑好跑赖，那掌声、鲜花、啤酒，还有各种"吹捧"，应有尽有、无所不齐。

8083班同学心动多于行动，表现最好的是张立凯、孙柏春，跑马经历和个人PB可圈可点，其余人还是重在参与阶段。

我的第一次半马，是赶鸭子上架顶替冯德臣。勉强坚持下来，也算有了跑马体验，可惜没给德臣留下成绩。跑前，班长给大家准备了盐丸、能量胶等跑时用品，还详细叮嘱用时、用法和跑步注意事项。相信有这么多大咖同学的加持，我完成一次全马应该不是梦。

一开始群里有同学发帖子、讲故事，说跑马的诸般好处，也有说跑马的种种是非。后来对生命在于运动和生命在于静止进行了论证，双方引经据典、各说各话，好像都在理，莫衷一是。我也踌躇不决。都说身体的器官、组织、关节就像机器的零部件，是有寿命的，用多了磨损，消耗大。但也有枪不擦不亮、刀不磨不光的老话。运动固然有损耗，但也能刺激组织代谢生长。所谓流水不腐，户枢不蠹，任何事物都有正反两方面。科学、适当、因人而异、循序渐进的运动，尤其跑步肯定是有益健康的。

跑马大咖们经常描摹，运动后总有一种轻松、愉悦、欢快的感觉。说运动使身体合成一种化学物质"多巴胺"。屡次尝试未得，可能就像参佛悟道一样，有人就是达不到境界。有一种体验或许可以佐证：渴极时喝碗蜜水，困极时仰卧小憩，从来是苦乐相伴。跑步的疲惫、气喘和汗流浃背就是生产快乐的作料吧！

一件事情让我记忆深刻。跑哈马时刘亚彬途中腿抽筋了，有过体验的人都知道，此时行动异常困难、疼痛难忍。但他竟然坚持跑完全马，印证了那句话，体育运动可以磨炼意志品质、塑造人格、培养精神。有这样的意志力，生活和工作中不会有克服不了的困难！

纵观跑马大队，证明千里马常有，伯乐不常有。以立凯、老谢、老戴的长跑能力，当初没被挖掘出来真是哈工大的损失。老曹也极具运动天赋，身体柔软，协调性好，只可惜没遇伯乐。走路八字脚、看着和运动不沾边的王东鹏，在跑道上步伐矫健、速度极快。也让我想起高中同学也是80级哈工大校友朴一权，高个、健壮，尤其是两腿奇粗，可他与各项活动不沾边。后来一次聚会他吐露，小学和中学时练过速滑，还出过很好的成绩。因发现比别人腿粗很多，不好看，从此基本与运动绝缘。估计我们同学也有因各种原由上学时深藏不露吧！

2020年6月23日于哈尔滨

结缘哈工大

筑梦马拉松

康继忠

出发，向着家的方向

2019年3月至7月是我人生中最黑暗最难过的一段日子，仁爱的兄长和慈祥的老父亲相继离开了我，特别是哥哥离世后，老父亲白发人送黑发人，其难以名状的悲痛是我无法体会的。本来沉默寡言的老人家更不爱说话了，此时，只有陪伴才能给老人以安慰，缓解老人家的痛苦。这段日子是我在老人家身边最长的时光，老人家一天一天地慢慢衰老，我却束手无策，真真切切痛彻心扉地感觉到"树欲静而风不止，子欲养而亲不待"的痛苦与无奈。

那段时间，我偶尔会看看我们80级八系同学跑马群里热火朝天激情四射的运动和聊天，但很少参与其中。当时的心情太糟糕了。虽然儿女们竭力挽救，可是天命难违，老人家还是于2019年7月30日永远地离开了我们。

也许是冥冥之中的天意，刚刚料理完老人家的后事，群里就传来好多同学要我去哈尔滨为哈马助威加油的召唤。夜深时分，我平复心情，给大家回了一条消息"我参加"。瞬间，群里的欢迎声此起彼伏，让我真真正正感觉到同学间真挚如火的友谊。

8月23日早晨，哈马的前两天我出发去哈尔滨，开启我的为哈马助威之旅。8月的北京秋高气爽，我的心情也豁然开朗。刚要登机，就收到老班长柏春的问候，刹那间，双眼朦胧，心中有一种当年上学放假回家的感觉。

心中默念，出发，向着家的方向。

其实多年来，我一直把哈尔滨当作我的第二个故乡。当年报考哈工大，一个是为关贵敏一首风靡大江南北的《浪花里飞出欢乐的歌》所吸引，另一个原因是家里的大爷（爷爷的大哥）伪满时期在哈尔滨工作和生活过，小时候常听姑姑们讲关于哈尔滨的一些往事，比如外国人特别多，他们结婚都穿白色的礼服、坐着洋马车去教堂举行婚礼。马车和我们的不一样，面包的个头老大了，叫"列巴"。当时听得很入迷，总想亲自去看个明白。那时候结婚穿白色衣服对大多数国人来讲是不能接受的，现在已经很普遍了。

记得孤身一人离开家乡锦州来哈尔滨求学，内心中忐忑和憧憬交织在一起，把自己当作外来人、旁观者。好在哈尔滨是一个包容的城市，学校的老师和蔼可亲像个大家长，班里来自五湖四海的同学都非常友爱，我也很快融入其中。当我在哈工大完成七年的学业，即将离开母校的时候，我有了"海阔凭鱼跃，天高任鸟飞""天马行空"的感觉。锦州是给我生命的地方，哈尔滨是给我知识和理想、让我强大让我再生的地方。我的身份证号开头还是2301，时刻提示我是哈尔滨人。

经过一个多小时的飞行，我顺利到达哈尔滨太平机场。见到在此等候多时的老班长柏春和老同学海林父女，激动之情溢于言表，像兄长迎接回家的弟弟。不多时，跑马"总舵主"长滨也风尘仆仆地赶到了，我和长滨站C位和欢迎的同学照了张相，然后随班长开始我的哈尔滨之行。

再访老班长公司

公司离机场很近，一会儿就到了。虽然没有敲锣打鼓、彩旗飘飘的俗套，但有国宴标准的四菜一汤，还有哈尔滨的特产、我的最爱——格瓦斯。今非昔比，和当年的大学伙食是天壤之别。一顿饭反映了我们国家40年沧海桑田的伟大变革，我们无疑是幸运的一代，是时代创造者，是亲身经历者。

饭后老班长亲自为我做了一杯意式咖啡，这种带有浓郁香味及强烈苦味的咖啡，让我至今难忘，达到了专业水准。班长这种人，就是不开公司开个咖啡店也会生意兴隆的。

老班长的公司我来过很多次了，每一次都有惊人的变化。今日已是集研发、设计、现代加工中心、组装的现代化生产企业。看到库房里琳琅满目的产品，犹如一件件精美的艺术品，我突然感到这不就是所谓的"大国工匠"吗？想当初单枪匹马仗剑走天涯，靠着自己的智慧、胆识和双手，对标国际顶尖企业，经过顽强的拼搏，用哈工大学子"规格严格，功夫到家"的扎实作风，取长补短，厚积薄发，产品远销世界发达国家。"我劝天公重抖擞，不拘一格降人才"。祝愿柏春班长的企业四季常青、兴旺发达。

游哈尔滨东北虎林园

哈尔滨东北虎林园是哈尔滨独具东北地方特色的标志性旅游景点。因为我属虎，所以对老虎有一份独特的情感，心仪已久，今日终于成行，内心特别激动。一路上下着大雨，心想计划要泡汤，有些忐忑。哈尔滨的天气好像格外垂青我这个游子,到了虎园天空放晴,空气中散发着树木花草吐露的芬芳,煞是畅快。我们乘坐专用旅游中巴,漫游于老虎之间,被老虎浏览,真是别有一番情趣在心头。乘车浏览结束,我们走进观虎长廊,长廊两侧都有喂食投放口,在这里几百只大猫尽收眼底,各具姿态。关于老虎的成语——虎背熊腰、狼吞虎咽、虎视眈眈、龙争虎斗、如狼似虎、羊入虎口、放虎归山、猛虎下山、如虎添翼、生龙活虎,等等,纷纷出现在脑海中,好一幅生态画卷。虎林园这种以虎养虎、以虎养园、以虎养人的良性生态产业园,是一大旅游亮点,希望大家好好爱护老虎。

观哈尔滨大剧院

最早看到哈尔滨大剧院的图片是从哈工大校友的微信朋友圈里,当时就被它的建筑造型和色彩所吸引,极具视觉震撼力,那不就是一座固化的音乐吗?今天老班长亲自驾车前往,一边当司机,一边当导游,述说着哈尔滨的变化、母校的变化、同学的变化,不知不觉中已到了大剧院附近。远远望去,那些冲击力十足的曲线结构很像一座座雪峰,呈现出北国风光大地景观,与冰城哈尔滨默契呼应、相得益彰。

走近得知大剧院坐落在松北区文化中心岛内,周边为湿地公园,包括大剧院(1 600座)、小剧场(400座), 建筑采用了异型双曲面的外型设计,是哈尔滨的标志性建筑。

2016年2月,哈尔滨大剧院被 *ArchDaily* 评选为"2015年世界最佳建筑"之"最佳文化类建筑"。

参观完毕,我和班长交换了看法,觉得其外观设计、周边环境确实和国家大剧院以及悉尼歌剧院有一拼,但是管理和细节还是有些瑕疵。比如,周边的杂草应该修整、外立面的装修不精细、地下停车场有些破烂和整个建筑不匹配,希望对标国家大剧院,精益求精,打造出哈尔滨一张靓丽的名片。同时，应该以剧院养剧院，学习百老汇，打造精品节目，吸引更多观众，走上自我造血的良性发展轨道。

为哈马加油

2019年8月25日，哈马如约而至。跑马的同学和我们啦啦队员的情绪都被引爆，好像有一股当年志愿军"雄赳赳气昂昂跨过鸭绿江"的感觉。环球飞人海平同学，刚刚从国外飞到哈尔滨，全然没有时差、疲劳的概念，好像一架永动机。早晨4:30就在群里向同学发出第一声问候："早上好！哈马的队友们！"紧接着老班长柏春——这几天也是连续作战，每天都辛苦到后半夜，也不知道他昨晚睡了几个小时的觉，马上开始布置今天的工作和提醒大家注意事项。这注定是一个令人难忘的早晨，5:15海平晒出一大盘丰盛早餐的图片，看来铁人一定有很大的肚量。可能跑马人永远年轻，

精力过人,张帆和立凯在群里吆喝起凡士林、能量胶和盐丸等跑马必备品,分享给大家。

6:30,长滨、柏春、立凯、海平、海林、赫峰夫妇、张帆、亚斌、宏亚等80级八系跑马队员悉数登场,个个脸上洋溢着青春、灿烂、自信、潇洒的笑容,吸引好多美女俊男驻足。大家在哈尔滨工业大学机械工程系80级的旗帜前拍照留念,纪念同学共同跑马的美好时刻!此时的哈尔滨,天空格外晴朗,阳光分外灿烂,中央大街上人声鼎沸,形成了一片红色的海洋。防洪纪念塔在阳光的照耀下熠熠生辉,来自海内外的选手都想在哈尔滨这个美丽的夏天里留下自己铿锵的脚步和幸福的汗水。

送别跑马的战士,我和老马跑到一个自认为有利的地形,做好为同学们加油助威的准备。大约半个小时后,第一梯队人马到了我们眼前,我们一边为选手加油,一边寻找我们的同学。茫茫人海望眼欲穿,就是看不见亲爱的同学。老马急得爬上树登高远望。也许我的加油喝彩过于卖力,被北京来参赛的朋友发现,彼此异常兴奋。老马为我们拍下珍贵的照片,真是有缘千里来相会。

10点,宏亚传来第一张半马完赛照片,接着辽沈分舵"舵主"赫峰发来捷报,夫妻双双完赛,手拉手跑过半马终点,正相拥庆祝。

跑过多半程的"总舵主"发来感慨说:"跑到一半儿就跑不动了,看来不训练是不行啊。"爱操心的"总舵主"11:46又发来信息提醒大家:"后半程的水供应非常差,很多地方都没水了,有可能的话自己拿一瓶。"这也是哈市第一次完全自己办哈马,经验不足,有点虎头蛇尾,希望今后改进。

12:38,立凯、柏春、长滨、张帆、亚彬先后传来顺利完赛的好消息。此时,晴朗的天空突降大雨,对尚未完赛的选手是相当大的考验。大家焦急地等待海平、海林的消息。时间一分一秒地流过,大家的心越来越紧张,最后终于传来哥俩手牵手、肩并肩完赛的消息(和赫峰夫妇有一拼),大家的心情顿时轻松了。后来他们讲,他们多次拒绝收容队的收留,搞得收容队都很无奈,尴尬开车扬长而去。

全体选手在接近60岁时安全顺利地完成了在母校所在地的马拉松比赛,为哈工大体育场里的"为祖国健康工作五十年"添上了八系的一笔,大家非常开心。

胜利之后的狂呼、庆祝是不可或缺的。东道主哈尔滨的同学早早就订下了最具哈尔滨特色的酒店——哈尔滨记忆,东北大拉皮、锅包肉、云土排、八府香鸭、松鼠鳜鱼、酸菜血肠等等,让人垂涎三尺。"总舵主"带来茅台,大家开怀畅饮,高谈阔论,海阔天空,热闹非凡。真有一种"山不在高,有仙则名;水不在深,有龙则灵。斯是陋室,惟吾德馨。苔痕上阶绿,草色入帘青。谈笑有鸿儒,往来无白丁。可以调素琴,阅金经。无丝竹之乱耳,无案牍之劳形。

南阳诸葛庐，西蜀子云亭。孔子云：何陋之有？"的感觉。

后记

  天下无不散之筵席，以跑马名义的聚会终于拉上大幕，带着依依惜别之情告别老同学，告别母校，告别我的第二故乡哈尔滨。从同学身上、从母校、从哈尔滨汲取了无穷的力量，让我满血复活，开始新的生活。

  衷心感谢哈尔滨的同学们，是你们多年持续的倾情付出，才使我们的集体——哈工大机械工程系80级这么有凝聚力，这么温馨，这么快乐。亲爱的同学，今生有你夫复何求？

  另：通过这次聚会，我感觉到我们国家已步入老年社会，养老成为我们最大的问题，同学朋友抱团养老应该是个方向。有志于此的同学可以集思广益，共同研究，让我们的明天更美好！

2020年6月17日于北京

结缘哈工大　筑梦马拉松

孟圣达

运动——延续同窗情缘的媒介

在那信息不发达的 1980 年，高考报志愿时，身处东南沿海福建的我，为了大学四年能够体验冰天雪地的生活，在全国地图的东北边陲找到了哈尔滨后看准了哈工大，就这样有幸成为了哈工大人。

四年的大学生活，让我感受到了老师们的高标准、严要求，并由此而收获了作为一名工程师必备的扎实基本功，切身领悟了校训"规格严格，功夫到家"的内涵。

在我们入学时，学校的住宿条件不是太好，八九个人挤一个宿舍是正常现象。虽然挤点，但大家关系都很好，假期结束返校带回的家乡特产一起品尝，学习中有问题互相探讨；生活中虽偶有争吵，但就像大家庭中的兄弟姐妹一样，转身还是亲兄弟。经历感受了这种同窗之情，我儿子上大学时，我便要求他不得在外租房，住学校宿舍尽量挑人多的大宿舍居住，希望他能收获更多的友情。

我们上学期间总的生活水平还较低，肚子里普遍缺油水，饭量大，许多男同学的饭票不够用，女同学余下的饭票不是拿去换鸡蛋，而是无偿贡献给了"闹饥荒"的男同学，类似的这种同学之间互相关爱之情，已深深烙印在大家的心底。

大学四年，我养成了每天早起锻炼的习惯。开始也想拉着同学们一起晨练，但在那个嗜睡的年龄，早起确实是一种折磨。经历过几次失败后，我便成为了一位孤独的跑者。记得在一个大雪之后的清晨，由于看错时间，五点不到我就出现在校运动场的跑道上，在雪地上听着脚步声，看着在平整的雪地上留下的脚印，那是一种非亲历者无法感受的享受。那时虽然每天坚持跑步，但基本没有超过三圈（1 200 米）的跑量，但同学们认为我每天坚持跑步应该是最能跑的，因此每年春季学校组织以班级为单位的环城（绕着学校周边的小环城）接力赛，距离最长的第一棒（从主楼出发经大直街到博物馆转入红军街过了马家沟后交棒，大约 2 000 米）都是由我来跑。那时跑了一半路程后，感觉剩余的路程真是比万里长征还长。

大学毕业后，大家虽然各奔东西，但都非常珍惜这份难得的同窗情缘，大家都有保持联系。人到中年后，王长滨首先参加了马拉松运动，并带着部分同学踏上了马拉松的赛道，后在热心为同学们服务的老班长孙柏春等多位同学的张罗、鼓动、诱惑下，更多的同学跑上了这条赛道。在赛道上，有人跑没了多余的肉，有人降低了血液中不该有的糖，至于我，则是将以前视作万里长征的两公里只当作热身跑了。

运动使人健康，运动使人精力充沛，这是人类的共识，但要达到我们80级八系这么高的参与比例却不是件易事。这里有健康意识被唤醒的原因，但我认为更多的是大家对同窗情谊的珍惜，在跑步运动中找到了一个很好的媒介延续这份友情。

2020 年 6 月于深圳

结缘哈工大　筑梦马拉松

张思明

我的健走生活

以前，在我的认知当中，一直觉得跑马拉松是年轻人的事，是专业运动员的事。直到 2015 年 4 月 19 日，我作为啦啦队员第一次来到马拉松比赛现场，看到这么多年过半百的同学都完成了比赛，还有两位女同学也跑完了迷你马拉松，内心深感震撼。

此后，在长滨同学的引领下，有越来越多的同学加入了跑马队伍，微信群里热闹非凡，满满的都是正能量，看着很羡慕却又没有信心加入。后来我想，跑不动咱可以先走呀，于是开始了我的每日健走计划，这一走就是五年。

五年里，出差的行李箱里总是多带一双运动鞋，北京、大连、青岛、舟山、三亚、西安……都留下了我的健走轨迹，出去旅游也不忘在当地留下健走的足迹：清晨在班芙小镇健走，阳光下在霍顿平原徒步……

五年来，困扰我多年的大肚腩渐渐小了，体检报告上的超标小箭头也一年比一年少，直至去年全部消失了。也正是这五年来的健走，才让我有信心参加今年的"哈工大之光——线上百公里奔跑"团队赛，虽然我只跑了3公里，但是能在将近60岁的年龄，以这样的形式祝贺母校百年华诞，我觉得很有意义也很开心。

如果说，认真学习、努力工作、健康生活是我一贯的生活理念，那么现在我可以很自豪地跟我儿子说：曾经，我认真学习过、努力工作过，现在我正用自己的双脚走向健康的生活！

相信，他也已经看到了。

2020年6月于上海

后记

经过几个月的紧张忙碌,这本书终于付梓出版了。看着同学们辛苦付出换来的劳动成果,内心充满喜悦,不敢相信这是出自我们的手。实话说,最初班干部们发出倡议后,大家真没当回事。本来就都是理工科出身,工作后又少有人以写作为生,有的甚至几十年没写东西了,现在突然要完成这么个大部头,不说天方夜谭至少也有点头脑发热吧。可我们的两位班长——秀海和柏春偏偏不信这个邪,一番动员无果后直接采取简单粗暴的方法——摊派,每人一篇,像当年老师留作业一样,谁都得做。然后,两位班长齐上阵,大群里催,私信里劝,轮番轰炸。特别是柏春班长,接二连三地发布指令。那些日子,群里的生活变成这样的了:

"各位同学,校庆活动已经结束,大家发朋友圈、点赞的活动也都该完成了,收收心吧!从今天开始,我们正式启动编书工作。现在我把经出版社起草的编书框架、经柳队修改和我微调的草案交给大家讨论。讨论的内容完全没有限制,只要是与这本书相关的想法都可以在这里交流。"

"这两天关于编辑一本我们两个班同学的传记的事情已经在大群里介绍过了,由于时间并不充裕,为了提高效率,刚才我和秀海商量,在未经各位同意的情况下先把大家拉来建一个小群,专门讨论编书的事情,特别邀请我们的柳队长全程参与并在最后负责对我们全部的粗加工材料进行精加工。"

"各位同学，请拿出当年准备毕业答辩的架势，晚上睡觉前一定要端上一盘菜（注：完成一篇文章发群共享），半成品也行啊。不要等到明天，明天还有明天的事情，你能不能在我们这本自传中留下一笔就看今天的态度了！"

"昨晚大家都熬夜写作业了吗？有完成的早点交上来，或者交半成品也可以，先让柳队把把关，免得方向不对浪费时间。如果完全没有动笔就是有点对抗组织了。其实，万事开头难，就像跑步之初感觉5公里是那样遥不可及但跑起来却不是事一样，写起来，没准会发现当年参加高考的底子还在——毕竟咱们都是跨过龙门的咸带鱼，谁怕谁呀？"

…………

留校任教的宏亚抢了个头名。几十年教书育人写文章，这支笔一直没停过，文章写得又快又好。《我的马拉松》，富大教授的文章一出，立刻引来叫好声一片，内容丰富，语言幽默，文笔流畅，教授水准！而且，教授不仅在科研上硕果累累，跑马牌牌也耀眼：扬州鉴真国际半程马拉松、旧金山半程马拉松、哈尔滨半程马拉松……5年的时光，15块闪闪发光的奖牌，让大家佩服又羡慕。

"各位同学，心动不如行动，我们自己的传记就要靠自己切墩、择菜、上灶，等靠要都不行！半边天之一的沈教授已经紧随富教授交了作业（看来教授就是厉害），由柳队略加修饰，一篇值得收藏的文章就这么出来了。现在把沈教授的作业发布在群里，希望给大家立一个标杆，请大家努力向两位教授看齐。"

这节奏，根本就是不让人喘气、不容你拖拉。

紧接着柏春班长也发布了自己的作业。他谦虚地说是扔块砖。可这砖实在是大了点，吓得大家要么躲开，要么把刚想交的作业又拿了回去。一开始还对柏春交稿有点嫉妒和羡慕，不过读完后就只有羡慕了：从2014年开始跑步到现在，他已经参加了22场马拉松赛事，其中全国最具吸引力的马拉松赛他参加了7个——这个数字在目前跑马的同学中暂时领先，当然有的写。

"根据出版社的时间安排，本月底要结束组稿。这期间还要对文章进行分类归纳、图文编辑，也许还有一些预料外的工作，因此，时间并不充裕。现在，已经有二十几位同学交稿，还有一些同学正在准备、酝酿之中。我建议已交稿的同学，虽然都经过柳队审核修改，但是每个人仍可以在截稿之前继续修改完善。对于还没有交稿的同学，希望抓紧时间；对于还在犹豫的同学，真诚建议放弃幻想、立即行动。如果这次没留下任何文字，以后拿这本书给亲友和孩子看如何解释书里没有自己的故事呢？为了将来没有遗憾，克服点当下的困难吧，现在大家基本都很少动笔写东西了，谁写作业都难，慢慢挤牙膏呗！"

好了，班长的催稿就不在这里重复了，总之，像当年的老师一样拿着教鞭在你后面不停地唠叨。

那些天的主旋律就是写稿、交作业，马群变成了作协，跑者成了写手。杭州的刘亚彬作业没交，在群里更新跑量时遭到严厉批评：作业没写完就出来，一天到晚就知道在外面跑！赶紧回家写作业去！

挺熟悉的吧，是不是和小时候老师、家长喊得一样？同是杭州的张帆吸取教训，跑了也不吭声，等作业写完了一起上报！

也有不走运、作业被退回的，重写！

也有狡辩耍赖的：不改了，世上任何事情都有好有坏、有优有劣，愿意当绿叶，衬托同学们的美文！

不过这招肯定不管用,班长有办法让他"服法"。

有了先交的作业的样本,心里有了底,交作业的渐渐多了起来。

发文,叫好,点赞!那几天,手都麻了。

同学们感慨万千:

一是没想到大家的文笔都那么好。40年丰富阅历,东西南北不同人生,在大家的笔下自然流淌,写实中带些浪漫,严谨中带着诙谐。陈年旧事,生动翔实;轻松调侃,段子连篇;真情流露,亲情荡漾。更有浓浓的文墨味熏得人想戴 N95 口罩,读来忍俊不禁,令人拍案叫绝!

二是大家的记性真好。几十年前的事如数家珍,爆料了好多鲜为人知的故事。许多人从小时候开讲,一直讲到考上大学,坐几天几夜的火车,从遥远的南方来到哈尔滨;从多少斤粗细粮票,到诱人的熘肉片5毛钱一份,再到炒土豆片和胡萝卜片里有几块肉,都记得清清楚楚、毫不含糊。回忆这东西能传染,随着一篇篇文章的推出,记忆的闸门被打开:早上跑步、晚上自习、长海的京剧唱腔、柏春的"钱广式"帽子和乡长派头、考试前的熬夜、足球比赛输球的沮丧、秀海那把用了多年的理发推子,乃至聚会踢球时海平的较真……这一幕幕,让人回味,让人发笑,让人唏嘘。

三是哈工大校训依然闪光。"规格严格,功夫到家",不仅体现在大家出色的工作中,也体现在同学们严谨科学地参加训练、严肃认真地记录跑量、一丝不苟地统计月度和年度跑量中。特别是这次写作业,很多人一改再改,甚至交稿后还不放心,多次与柳队微信沟通,或加一段话,或改几个字;柏春班长更是把收稿情况做成表格发到群里,无声但却毫不客气地提醒着大家。那种认真、执着令人感动,哈工大学子的规格和功夫得到充分彰显。

四是正能量满满。41篇文章，大家几乎都提到了运动。在学校养成的运动习惯伴我们至今，让我们终生受益。所以，今天当我们能比同龄人跑得更快、更远时，我们有理由骄傲！"健康工作五十年"，学校运动场上的大标语我们铭记在心，相信对于爱运动的我们来说那不是一句空话。我们为自己鼓掌，为我们依旧挺拔的身躯和充沛的精力感到自豪！

很多人在文章中都提到一个名字——王长滨。这是一个在八系跑团历史中重要的、不可忽略的名字。从他的回忆和众多文章中，他的形象在大家脑海里变得更加清晰了。从2011年挑战戈壁、首次跑马，到2018年跑芝加哥马拉松、完成六大满贯赛事，成为当时全球3 000多、中国200余名大满贯选手之一，历时9年，成绩骄人。这是长滨的殊荣，也是我们这群老同学的光荣，我们为他骄傲，为有这样的同学而自豪！

长滨的可贵之处不仅在于他对极限的挑战、对自己的超越，还在于影响和带动了同学们，把很多人认为不可能的事情变成了现实，让年过50的同学们重建了信心、健康了身体、愉悦了心情、增进了同学情谊，真可谓功德无量！

感谢长滨！

当然，应该感谢的还有很多人：

本书的"始作俑者"长滨和海平，因自己的谦虚低调和对八系集体的热爱，把本是学校对杰出校友的专访变成了对八系同学的倾力推介；热心又甘于奉献的组织者秀海和柏春，以超强的动员组织能力把身居世界各地的同学们聚集在网上，用一个月的时间完成了全书的组稿；跑马追随者和慷慨的跑量贡献者——柏春、立凯、海林、张帆、亚彬、老谢、宏亚、铁城等，用长年累月的坚持带来榜样的无穷力量，激励我等潜力股不断涌现；还有铁杆啦啦队员李敏、张毅、思明、松花、克准，以及跑马队员的家属们，正是啦啦队员的热情支持和家属们的宽容理解，才成就了我们这个集体，才有了跑马运动的蓬勃兴起和迅速发展。

感谢所有参与文稿撰写的同学，在这段时间里，大家进入了凝目沉思、翻查老照片、相互求证史实等艰苦卓绝的写作模式，在一起回看历史的同时又一同创造了新的历史。那些由于各种原因没有参加文稿撰写的同学，4年的大学生活早已把我们紧紧地连在了一起，80级八系成为我们共有的称谓，我们都是这个集体的一员，都是不可或缺的一分子，在未来的生活中，让我们继续携手并肩、结伴前行！

感谢德高望重的杨士勤校长为本书亲自作序；感谢毕业30多年来一直关注、关心我们的程建华老师、顾德库老师和郑坤惠老师分别为本书作序对我们予以鼓励。

感谢8001班的校友、被同学们称为"柳队"的柳宏秋同学，作为八系跑马团队的编外队员，宏秋同学多年坚持记录同学们的跑马活动，撰写了3万多字的、图文并茂的作品，让跑马队员这些年流淌的汗水和收获的欢乐得以成篇章地被记载下来，为我们日后向亲朋好友和子孙后代炫耀自己的非主流业绩提供了翔实的文字资料。尤其是在这段赶作业的日子里，谁的作业没经过她的批改？哪一段文字没有她的润色！"红酥手运笔不停，'柳叶刀'上下翻飞"，宏秋同学有多辛苦，写过这次作业的我们很清楚！

最后，感谢哈尔滨工业大学出版社，特别是学妹李艳文副社长及其工作团队。从提出动议、构思全书，到安排采访、整理录音，再到后期的设计、编辑和校对，李副社长及其工作团队都付出了极大努力。可以说，没有他们的鼎力支持，就没有今天的这本书！

在母校百年华诞的庆典中，一段文字聚会结束了。让我们继续奔跑在人生的马拉松赛道上，拼搏奋进，再写辉煌！

曹春林　徐荣梽

2020年9月

跋

与八系同学的缘分要追溯到1980年。那一年我考入哈尔滨工业大学管理工程系管理工程专业8001班。按照学校的建制,我们属机械大类,所以大学前两年很多基础课是跟八系两个班的同学一起上的。

再后来,我跟8081班的谢卓伟结婚,八系同学成了我的婆家人。

听闻八系两个班举行足球比赛是2004年。那是我们大学毕业20周年,八系两个班在北京聚会。聚会期间他们延续在校时的保留节目——足球对决。跟所有正规赛事一样,从选服装、订场地,到请裁判,一切都做得一丝不苟。输赢不记得了,只听说下个10年聚会他们还要比。

说话间到了2013年6月,先生赴杭州参加8081班的同学聚会。回来后跟我说,聚会期间他们举行了环西湖长跑,大家约定,从今以后加强身体锻炼,准备迎接毕业30年聚会时与8083班的足球赛,务必坚决彻底踢赢8083!

对于这种孩子般的执拗我只是觉得好笑,并未当真——要知道,这时大家都已年过半百,尽管心气依然盛,但毕竟不是年轻人了。不想在长滨的倡议下,长跑健身真的在8081班蓬勃兴起,而且很快蔓延至8083班。

2014年毕业30年聚会如期举行,同学们相聚哈尔滨,一同晨跑后他们履行诺言继续打比赛。输赢我还是没什么概念，只知道随即那离我们生活甚远的马拉松在两个班成燎原之势，加入训练的、鼓掌喝彩的、看热闹的，几乎吸引了所有的人。

被他们所感染，我也加入了长跑锻炼；被他们所吸引，我开始关注他们的跑马活动，于是就有了马拉松的系列篇。

2020年是母校哈工大建校100年，也是我们上大学40年。早就蓄谋要在这么重要的时间节点回母校参加大庆，来一次同学大聚，不料被从天而降的新冠肺炎疫情给灭了火。同学们眼巴巴地在云上观摩校庆系列活动，满腔的热情不知往哪挥洒。

"云校庆"活动中，有一个"哈工大之光——线上奔跑挑战赛"，邀请全球校友以组队百公里跑致敬百年母校。消息一出，八系群立刻炸了营，情绪总算有了宣泄的出口。报名参加，时不我待！在秀海和柏春两位班长的动员组织下，很快，由24人组成的两个百公里团队宣告成立——这几乎是八系52名同学的一半，不说举世无双，恐怕也难找出几个同类。6月7日这天，身处中国、美国、加拿大和俄罗斯等全球13个城市的同学同时开跑，参赛里程达240多公里，为母校献上了学子炽烈的情、火热的心！

"云校庆"活动中，8081班金海平同学作为杰出校友代表接受学校专访。谦虚低调的海平没有过多介绍自己，而是把谈话重点放到了八系同学的跑马活动上。这引起了哈尔滨工业大学出版社的关注，一个以他们跑马为主题编撰一本书，并将其纳入百年校庆系列图书出版计划的想法油然而生，于是就有了这本文集。

我们希望通过这本文集能让读者看到20世纪80年代大学生的校园生

活。他们淳朴善良，生活简朴，欲望平平，但心中充满理想，满怀报国志向；看到毕业后他们奋斗的足迹，他们秉持母校"规格严格，功夫到家"的校训，在各自的岗位拼搏奋斗、毫不懈怠，做出了骄人的成绩；看到业余生活里他们以运动为乐、身体力行地践行着母校运动场上刷着的十个大字——为祖国健康工作五十年，特别是通过蓬勃的跑马活动，凝聚了人心，汇聚了力量，成为不枯竭的话题。

一本好书的价值在于，让人感受时代，并给未来以昭示。希望这本文集能起到这样的作用，哪怕这作用很微小，我们也很开心了。

柳宏秋

2020 年 8 月